U0693019

《南山律在家备览略编》译注

弘一大师⊙编
释界崇⊙译注

浙江大学出版社
ZHEJIANG UNIVERSITY PRESS

界诠法师序

《南山律在家备览略编》，所云“南山律”，是指唐代道宣律师居终南山时，研究《四分律》，撰述最著者有《四分律删繁补缺行事钞》、《四分律含注戒本疏》、《四分律随机羯磨疏》，后世称《南山三大部》，将其律学著作称之为“南山律”。

南山律，通指出家僧众所习。但在《羯磨疏》兼明三皈、五戒、八戒，义理与授受。其余二部所明法体行相，持犯开遮等义。此中内空并明五、八二戒之受随。

弘一大师将此诸章义理，编成《在家备览》，书中大都引用南山诸部原文，文字义理十分深奥难懂，对于初学者，往往欲学而不得不作罢。

今界崇法师潜心研读，将《备览》中难知文句作了“注释”，将文言作了语体的“今译”，部分还加以“评析”，使初学者易读易懂，为在家学戒开了新路，为大功德事，今为随喜！

平兴寺 界诠

癸巳 夏安居

二〇一三年七月

序 二

张家成

戒、定、慧三学是佛教最基本的修学纲领。三学之中，以戒学为首，由戒生定，由定生慧。相传佛陀于灭度前，对身边弟子的临终遗教就是“以戒为师”。因此，戒律实为佛教解脱之道的重要基石。佛教产生于印度，自两汉之际传入中国之后，与中国本土的儒道文化由冲突到融合，遂成为中国传统文化的有机组成部分。不过，虽然佛教在中土流传已有两千余年，但仍然有不少人，甚至于一些教内信众对于佛教戒律也还存在一些认识上的误区或偏见。这主要表现在以下两个方面：

其一，不少人以为佛教戒律过于苛刻，限制或束缚了人们正常的生活需求及行为，因而视守戒为畏途而不敢坚持。这实际上是一种误解。其实，佛教戒律本来就有“二持”——“止持”和“作持”两个方面，即所谓“止恶”与“修善”。故作为持戒者，必须明确戒律不仅仅不允许做什么，更重要的是应依律行事，应当努力践行的方向。这样的话，佛教戒律的一体两面都应当得到完整的体现、把握和实践。更重要的是，即使是“止持”的“戒”，其内在的意义也绝不仅是不要做什么，不能做什么。当代高僧星云大师曾这样说道：“其实，持戒是自由，犯戒才是束缚。因为并非学佛受戒的人才要持戒，持戒，就如国民守法一样，不持戒就会触犯刑法。……由于犯了五戒，于是身陷囹圄，失去自由。所以持戒不但是守法，而且不会失去自由。”佛教戒律的基本宗旨是不侵犯别人，进而尊重别人，结果则自他都能自由。这一说法，可以说将佛教戒律的精神充分揭示出来。

其二，在部分佛教信众那里，也有“在家信徒不得闻律”的说法。诚然，佛教论典中的确有“毗尼中说白衣不得闻”之说，但切不可片面理解这句话的含义。实际上，佛弟子因所受戒的不同，而有在家、出家七众弟子的区分。在家佛弟子(所谓俗家弟子)在“三皈依”以后，所受戒法主要有三种：五戒、八关斋戒、菩萨戒，这些都可视为在家佛弟子学习佛教戒律的基本内容。

《南山律在家备览略编》一书主要论述佛教的“在家戒”，是中国传统佛教律宗思想的重要组成部分。该书编者弘一法师是现代高僧，其艺术上的成就和传奇的生平经历广为世人所知，但人们对弘一法师出家后在佛学上的修持与造诣，特别是其对南山律复兴的贡献，似乎并不是像他的传奇人生那样为世人所关注。再加上上述诸因素的影响，这部律学基础性著作在教内外并不流行，颇有“藏在深山无人识”的感觉。

鉴于此，对该著的注译和通俗解读，不仅对作为中国传统文化重要组成部分的佛教文献的整理有着一定的学术价值，更重要的是，还对人们认识佛教的本来面目及其真实内容不无裨益。另一方面，从现实层面来说，面对中国社会在市场经济大潮冲击下道德滑坡现象日益严重的现状，无论信仰佛教与否，弘传佛教戒律，无疑有助于在人们内心中安立道德自律的戒条；这对于我们建设法治国家、重建中国社会道德体系具有重要的现实意义。该书的注译者界崇法师出家多年，对佛教戒律和梵呗有独到的认识和研修心得。十多年前界崇法师在杭州佛学院担任戒律学课程老师时，笔者就已与之认识，因性情相投，遂为笔者的方外之交。此次界崇法师将其近年来为在家居士讲解《南山律在家备览略编》的讲稿整理成书，嘱予为该书作序。笔者推托不过，遂略述平时对佛教戒律的一点感想和认识，聊以塞责，亦借此表达笔者对该书得以正式出版的祝贺之意。

2014 年 8 月 17 日于杭州

目　　录

绪 论

学习律学的主要目的，是通过实践来印证佛教的理论，来改善自我的心行缺陷，在日常生活中深入贯彻，随时随地作自我检查，努力以戒法来改造自己，净化身心，并助成他人的离苦得乐，最后达到自他究竟圆满的无上正觉。

因此，出家法师及在家居士都必须禀受戒法做为修行的心体，遵守制度法规来树立佛教幢相。生活行事当中的应对接待，必须依据这样的心体与法规来自我庄严与展现。这就是持戒或修行。戒法能够规范行人的粗恶行为，言行必须依戒而行。

我们的心识或净或垢都不可得，由于随顺因缘的不断变化，执著于各种不同烦恼，使得自他炽盛不安。接触事物即生情执，随于妄想而起造业；结果就系闭于三有的牢狱，投生于万类的体型；因此亿劫轮回升沉，无法得到停止。

我佛如来为“救度众生”之一大事因缘，乘真实之道出现世间，开辟大慈悲之门，使令众生穷尽痛苦根源，得脱轮回苦痛。所以制定戒律，断除众生有漏粗恶之业。譬如砍树，开始必先去除树枝叶片，这样不单是种子果实没有了依靠，也能使树根、粗干渐渐朽破。所以，戒律作为三藏之一的一种教法来说，它有这样的重大功能作用。

在正文译注之前，下面先就“律学史略”、“弘一大师与备览”、“译注之纲要”、“译注之因缘”等话题做个概略的说明。

第一门 律学史略

佛成道五年间，只有一略教戒——“善护于口言，自净其志意，身莫作诸恶，此三业道净，能得如是行，是大仙人道。”当时还未制定具体的戒律条文。因为当时弟子们都是“好心”出家，根器非常深厚，往往听佛的三言二语，便证初果或四果。故佛教初期僧团用不着制定戒律，自然清净和谐。

于佛成道五年后，有比丘须提那子（原名耶舍，其父名须提那），在母亲的逼迫下与故二（在家妻子）行不净行，最初犯了淫欲。之后，由于僧团不断扩大，僧员来自各个外道团体，这样也就导致了新来弟子逐渐违犯许多法则。为了十种利益，戒律细则(广教)也就被陆续地制订起来。在《四分律》《五分律》《僧祇律》《十诵律》《根有律》及南传的《铜碟律》等律中，都记载了制戒的十种利益：摄取于僧，令僧欢喜，令僧安乐，令未信者信，已信者令增长，难调者令调顺，惭悔者得安乐，断现在有漏，断未来有漏，正法得久住。

于佛灭度后的第一个夏安居，进行了根本律藏的结集整合，即《八十诵律》。之后百年间，由异世五师一脉相承：迦叶传阿难传末田地传商那和修传优婆崛多。到了第五师优婆崛多门下有五位弟子，因各自对佛法修证、戒律行持的见地不同，于根本律藏内收集"契己见者"集为一部。至此百年后律藏便分成五部，即世称"同世五师"：

昙无德尊者——四分律，

萨婆多尊者——十诵律，

弥沙塞尊者——五分律，

迦叶遗尊者——解脱戒本经，

婆粗富罗尊者——此部律未传到中国。

自汉明帝永平五年(公元 62 年)夜梦金人开始，到迦摩腾、竺法兰传法已来，信众只分道俗，并没有授受归戒之法。过二百年，到魏齐王嘉平年中(公元 250 年)，有天竺沙门昙摩迦罗，译出僧祇戒本，方立僧羯磨受戒。至高贵乡公正元元年(公元 254 年)，有安息国沙门昙谛，译出昙无德部羯磨。这两部戒本的译出，象征着中国有戒律的开始。

四分律，于公元 410 年由罽宾沙门佛陀耶舍译出，经过北魏法聪法师以及道洪、智首、道云、道覆、慧光诸师的传承，到了唐得道宣律师的大力弘扬。道宣律师又根据当时僧团与行持情况，为《四分律》作了疏理与注疏，形成了影响后世的《南山三大部》。由此《四分律》及道宣大师的著述，在僧团当中得到了真正的普及与兴盛。南山大师的著述及思想，一直到宋朝的元照律师、民国的弘一大师，都是一脉相承的。

第二门　弘一大师与备览

《南山三大部》的内容"虽正被僧众学习，而亦兼明三皈、五戒、八戒等。又法体持犯等诸义章，亦多通于五戒八戒也"。这几句话，有以下两层意思：一是三皈、五戒、八戒不简单地只是条文而已，有更深层的精神内涵在里面。

二是既然戒律精神内涵通于五戒、八戒，而在家居士又不能自行翻阅与学习，那么，这样的重要内涵应该通过怎样的渠道才能学习到？很可惜，这样的渠道在弘一律师之前的千余年当中，都没有得到有效突破，致有心居士也难以品尝到戒律真正精神的法味所在。

为了顺应道宣律祖的思想，发扬律学的普遍性法理，给居士创造自修起行、辨别邪正的法本，也为了完成多年的心愿，据林子青所编《弘一法师年谱》，弘一大师于六十岁病痛老迈之年(1939年)，于泉州永春普济寺山中茅篷闭户静修时期，撷录、摘取《南山三大部》当中纲要、遍通道俗的合适内容，作为在家居士所应学习的资料，带病进行编辑，取名为《南山律在家备览略编》。[1] 虽然，相对于《南山三大部》的文章内容来说，此《略编》有所不具足，其意义也没有作详细的解释。然而，此书的精神大纲基本具备。大师希望以后有机会充实此略本成为"广本"，再进行流通，但大师编完此《略编》后没多久就往生了，所以就没有"广本"一书问世。

另据林奉若致郁智朗信中提及："有上海居士发心出资印行经典，请弘公的著作付印。……并言现正辑南山律在家备览，全部拟分三册，第一册宗体编，第二册持犯编，第三册忏罪编、杂行编及附录。但各册自为起止，皆可单行。第一册于农历四月可付印。余二册随力随缘为之，未可定期。"[2] 1941年《备览略编》付沪开明书店影印出版，由上海佛学书局发行。

第三门 译注之因缘

《南山律在家备览略编》共分宗体、持犯、忏悔、别行四篇，后学界崇不揣愚陋，于每篇当中选取了纲领性的内容来进行译注。节选出的文字分注释、今译与评析三个部分，并命名为《〈南山律在家备览略编〉译注》，不能算做在家备览全部语体文译本。这样的译注，对我而言乃初次尝试，因此缺点是所难免的。例如：就中心内涵来说，是否存在选译内容的不够准确？有的部分把疏、钞、记文的义理糅在一起用语文连贯地写出；也有些段落由于受原文语句的拘碍，翻译得比较生硬。上述的这些缺点，后学恳请求各方缁素大德不吝赐教指示。下面说明译注之因缘与方式。

---

〔1〕 林子青：《弘一大师年谱》，上海佛学书局1995年印行，第296页。

〔2〕 林子青：《弘一大师年谱》，上海佛学书局1995年印行，第299页。

第一章　译注的因缘

一、为了继承道宣律祖、弘一大师的悲心切愿，为使《备览》知识能于居士之间普及。

二、作为护教正义为己任的护法居士，想用更恰当的思想行为来护持佛教与判别邪正，必须要通过对戒学内容的学习与熏陶才能做到。护法有两层意思：一护持正法的场所或法师，二以正确的佛教原则来护持三宝。如果不能以正确的方式来护持三宝，那就谈不上护法。如以墨水洗衣，只有越洗越黑。所以对《备览》一书的学习，那是再及时不过了。

三、很多法师都指导居士学佛应先学习《备览》一书。许多居士通过浏览之后说：《备览》是修持的指南，但文章词句古拙、义理深奥，结果看得似懂非懂，不得其门而粗略浏览而已。所以有居士说：师父何不花点时间将它译著成现代语言，好让入门者能够领会到佛教戒律的行持纲领。

四、现今佛教戒学书籍，在市井街坊经常可以见到。但能够正统地反映佛教戒学纲要思想及行仪精神的，或许不是很多。所以，包括居士在内的学佛者，想要真正了解戒律精神内涵，通过学习《备览》是一个不可或缺的途径。

五、笔者于金竺书轩将为部分居士开讲戒学内容之际，发现《备览》一书篇幅适中，内容丰富，又考虑到学讲时间的有限，为此后学就节选《备览》当中纲要内容，进行了译注及讲解。

第二章　译注方式

译注主要采用注释、今译、评析三个部分进行。

一、注释部分：佛教词句，首先参考元照律师的行事钞记释，其次参考佛教辞典；非佛教词句，参考“网络汉典”。

二、今译部分：依照段落次序进行翻译，有个别词句稍作前后调整。

三、评析部分：首先参考元照律师的评论内容精神；其次结合当今社会情况与个人的出家经验进行评析说明。其中有些浅显段落就略去评析。

四、标记说明：在《备览》的文章前面冠有▲△的记号：▲记号表示这段是另外别起的，△记号表示这段文章与前面文义有所联系。△记号又有续云与又云的区别:续云表示这段文字与前段相续的,又云是表示这段文字与前段文字不相连,而意义有关系的。

五、本书常用典籍简称:

《四分律删繁补阙行事钞》——《行事钞》

《四分律羯磨疏》——《业疏》

《四分律戒本疏》——《戒本疏》

《灵芝芝苑遗编》——《遗编》

《南山律在家备览略编》——《备览》

第三章 译注所用版本

后学于杭州佛学院任教期间,向台湾佛陀教育基金会请得了《南山律在家备览略编》一本,该书为十六开本,校订标点——天因法师,恭印者——台湾正觉精舍,出版者——南林出版社,承印者——各裕出版社,时间——佛历二五四五年(2001 年)夏安居重新校版一版。

由于此书纸张淡黄厚实,印刷齐整,字迹清晰,段落分明。自请得后,即时常研读学习,或作记号,或作笔记。此次的译注依然用此善本。

第四门 《译注》之纲要

在译注中共分为宗体、持犯、忏悔、别行四篇,与备览的篇目一致。"宗体篇"主要是通过法、体、行、相四科来阐述戒律的纲领,同时指出受戒、持戒的内容。"忏悔篇"说明于受持戒法过程中,若有违犯必须依照什么方法进行忏悔,以恢复圆满的心体。"持犯篇"细致地告诉我们应该怎样清净身、口、意三业,以及戒律的持犯因缘。"别行篇"中更详尽地指出在家佛教弟子必须知道的出入进退、对人待事的一些重要常识。宗体篇固然是重要而关键,但后面两篇与宗体、忏悔两篇有着连贯性而不可分隔。下面着重叙述律学之宗体四科。

戒法、戒体、戒行、戒相四科是戒律的纲要,当然也是译注的纲领,更是修持解脱的根本道途。学习与修正自己的身心,如果离开了这四个内涵,不是盲修瞎练,就是与魔为伍。

第一章　四科名义

第一节　戒　法

戒法（戒律）有三种梵语名称，分别是："毗尼"、"尸罗"、"波罗提木叉"。汉语没有这样的名称，因为这三个名称，已经包含了因果、教相、立行、摄修等方面的内容，其他的中文词语意思无法超越、替代这三种名称内涵的，所以依旧保留它的梵名。这在五种不翻中是属于"多含不翻"，即一个梵语名词包含有多种意思，为此保留它的原来梵名。如我们很熟悉"般若"二字，如果翻译成中文是"智慧"的意思，但智慧二字不能涵盖般若的全部意思。所以，即用音译的方式，保留戒律原来的三种梵名。下面来介绍戒律三种名称、意义。

第一项　毗尼

所谓毗尼，或也有音译为毗那耶、鼻奈耶，这些名称都是梵音讹传而导致有此多种的音译。比如一种名称，在不同的区域、不同的时间、不同的翻译人等条件下，所音译出来的名称就有所差异，但不会影响它本身的意思。毗尼有两种意思：

一、引古时之义：古时将毗尼译为"灭"义，就是灭诸恶法，灭除僧团中诸多争论之事，这是以它的功能来翻的。如用七种毗尼律法来灭除四种诤执不下的事情。

二、正翻其义：毗尼正翻为"律"，所谓律是"法"的意思，法者就是教法，此中所说的教法，是三藏中的律藏之教。因为，此教法阐述僧人于生活中所行是非重轻、开遮持犯等等诸相，若无此律法，那么我们也就无从谈起是持戒与破戒，所以毗尼正义翻为"律"。

我们于生活当中怎么知道，所作"是、非或开、遮、持、犯"诸相呢？在每条戒中，皆具备这些意义；且如淫戒：入如毛头犯重；其余有心而未遂的属轻；被强怨所逼与境合，即是开也，有受欲乐者结重，这是属遮；远离此等过非名为持，反此名犯。

第二项　尸罗

尸罗，译成中文是"戒"的意思，戒有"警"的意思，即是由于警策身口意三业，将能远离种种过非之不善缘，这在"持戒感果"的因果过程中，是就"因"来说（对下面"木叉"果来说，故说是因）。然而，戒的真正意义，它不一定像我们平时所理解的那么单纯——所谓戒，就是一种善的、好的法则。戒除了有上述内容外，它还通于"不善、恶"的一面，即如平常所说的"恶戒"，如战争和动荡年代的烧杀劫掠，又如黑帮中许多违背伦理道德的规定等，这些的规定与行为即是恶戒。由此，戒是通于善、恶的。那么，我们不能单举一种意思——"善"，来解释戒的意思。但在许多场合下或典籍中肯定多指"止恶行善"。

约两通来显戒之正义（戒通善、恶）：若依《成实》《善生》中所说，善、恶二种戒法，是"互受互亡，功用相等"。若解说或受持善戒，因善法禁恶，由此，能以戒规来警策我们三业，确保对戒法持守，使诸恶法不起；如果解为恶戒或受持恶戒，那么，恶法禁止善行，护摄身心而不行善。

由此看来，所谓戒，可以通解为"禁"也，这样，即显而易见其两用皆可了。

第三项　波罗提木叉

波罗提木叉，中文译为别解脱，或有的解释为别别解脱或处处解脱。

一、就道、事二戒来分：如论典中所说的，道戒，即初果以上，这样的圣人才称为解脱。道戒是随所证的果位而具此戒的。因为证得此空性圣人，通达诸法无自性之理，能够净除业根，运用这样观智即能通通遣除身口犯戒之过非。它不同于随缘所受的事戒，须一一地、各别各别地去持守而得到解脱。此道戒是无漏戒，也名胜义律仪，具此戒者，即是第一真实僧伽。

事戒则不同，是通过众多因缘条件组合及用心领纳而产生的戒法。但所谓的因缘是通于万境的，而行持也必须遍于万境，若能持行而一一对治犯境，则名别解脱，其余过非未能持守的，则不名解脱。如，解脱分二：

1. 解脱：道戒名解脱，即初果以去，得戒条件——随分果得。

2. 别解脱：事戒名别解脱，五戒、具足戒是，得戒条件——从缘所受。

二、就业、惑两义进行辨析：戒障有两种，一种是所作的过非之业，另一种是与身具来的烦惑。这两种烦恼，若没有得到很好解决，将会形成恶性循环，对一般行者来说是修学路上的大障碍。但我们若能从学戒与持戒下手的话，不但业非能得到最大程度的消除，进而也能渐次减损烦惑。

戒法能够逐渐、随分地净除所作业非，这样的一个过程即名为别解脱（即没有证果之前的持戒解脱）。由于所作业非是因烦惑而起的，但通过持戒渐次地破坏业非、消除习气，这样烦惑当然会得到损坏。此二者，从文字上看，好像有很大的不同，但他们之间有着必然而不可分离的内在关联。

如果智慧条件具足，一旦通达空性之理的话，以这样的观智来直接消除烦惑，是属于究竟的，所以名为解脱，这是就初果以去来说的。如：解脱分二：

1. 解脱：智观名解脱，因智能亡惑。

2. 别解脱：戒净业非，因持戒才能各别各别地消除业非。

如上三种名称，《行事钞》中说：显示此三种次第，即是佛陀一代教化之从始至终的序列过程；所谓的律（毗尼）是属于教法的部分，此律教不会无因缘而生起的，其生起必是为了诠释学修者言、行之相状，其诠释的目的是为了在了解的基础上更好地去持戒，那么戒（尸罗）即因此而成立；戒之禁制（或者说行者的持戒）不是一种虚设无意义之因行，通过持戒，它必能克证道果，所以解脱去缚（波罗提木叉），在于最后。这三者的关系，如图：

第二节　戒　体

所谓的戒体，若就总义来说，是说明其所发的一种业用体性——无作戒体，但这样的说明，学者将无法直接领会它的真正内含。若就其本位意思来显示的话，只能从"能领受的心的相状"来说明它。如果从能领纳的心相来说，受者就能直接地感觉到用心领会的过程：就是对于十法界依报、正报及真俗二谛等尘沙诸法，以自己誓愿约定尽于此生为期限；在正受戒时进行礼敬、表白等方便，来清净心胸器量，誓愿受戒之后必定不再犯戒作恶，以誓愿领纳之心、清明如理之相与法界尘沙善法冥寂相应；由于能领之心于妙法上有缘起的作用，以这样要约期限之心与法界妙法相应，然后将它领纳在自己的心识之中，这就是戒体。其实就是誓愿之后留下强烈不变的愿心，将这种誓愿牢记内心，并于行持中付诸实施，这就是戒体。

戒体有两种：一是"作戒体"，二是"无作戒体"。一作戒体：所说的"作"戒，犹如陶器师父，在转动陶轮时名为作。所以《杂心论》说：所谓的作，就是身体运动起来以及利用言语、跪拜等的身动方便。所谓"无作"戒体，就是从三法完毕后的一刹那就生起，之后就恒常继续显现。即是从开始无作戒体的生起到生命最后结束之时，这种"无作"的功能都始终存在。这种功能在受、想、行、识的四心(蕴)及此四心处于善、恶、无记的三性当中时，都不需借助任何外缘，它都能自动地生起防护作用，增长功德。所以《杂心论》说：于受戒时，当身体跪拜动作结束之后，这种无作戒体就与受、想、行、识四心同时存在不离，由于无作戒体是自动任运而起的原故，所以名为无作。犹如发动机，一经发动之后就不用再去摇动它了。无作戒体也是这样。

第三节　戒　行

戒行，就是依照誓愿戒体，在内心落实一种正确的行持意志与身口的展现。就是既然受了此戒，应该将它印持在心。必须依止律师学习律藏、懂得开遮持犯要则等方便，时刻检察自我身口威仪之行，立定志向、专一崇重，仰慕已经成就的声闻、缘觉、菩萨、佛陀等圣人。持守的心行于得戒后即而生起，实际修持与之前所立的誓愿意义符合，这样一个持戒过程名为戒行或随行。戒行以意志为主导。

第四节　戒　相

所谓的戒相，就是在领悟法、体、行三者精神下，在威仪条文规定的养成下，而行成的一种庄严威仪行相，随于言语动作的施造，都与戒法符合相应；由此持戒的美德得以光显，这样就是戒相。戒相有两种：以法为相，约行为相。

第一项　以法为相

就是戒相条文的戒相，如五戒、八戒、比丘戒的条文即是。

第二项　约行为相

就是纳受了戒体，逐渐娴熟行持的规矩方法，在生活当中展现出庄严威仪之形相。关于"以行为相"的内容，在学佛的过程中，处处都能见到：

一、以心、境说明戒相：归纳起来可以从三方面来说：一所犯境，二成犯相，三开不犯。如果再从意义来分别的话，也有三种不同：一犯和不犯，二犯当中有轻、重的不同，三有方便与根本的差别。统摄戒相，其实是不出心与境的两个方面。如下图所示：

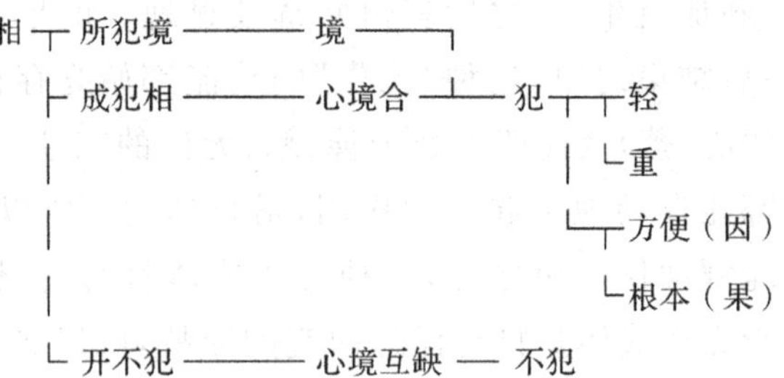

二、持犯之体、相：

持犯之体有两种：一、“能持犯体”是心或意，因为一切违顺都是因心而起。所以，违顺之心即是“能持犯体”。二、“所持犯体”是事法，持犯既因事法而生，故今以一切事法为所持犯体。

在这样一个以“心、法”为持犯体的基础上，于平常随行的过程中，就展现出四种持犯情况：一止持、二作持、三止犯、四作犯。对于戒律规定不能去违犯的而没有违犯的叫止持；反过来，就是作犯了。对于戒律规定必须要做的而去实行的叫作持，反过来，就叫止犯。如不杀生是止持，反之去杀了就是作犯；如夏安居，如法安居的叫作持，反之不安居的叫止犯。这些过程都是“览而可别、清晰明了”的。

三、忏悔之仪相：

忏悔有理忏与事忏两种，理忏是运用智慧推求罪性不可得，而得罪业的脱落、圣行的提升。

事忏，可以说是在修学戒法进程中，从相到体的一种不可或缺的修复表现，这样的一个过程当属于“戒相”范畴所摄：由于愚钝行者心智昏迷的原故，如果宣说真正理观，他们无法领会受用，所以只得庄严道场，以虔诚心行来仰慕圣容称叹功德，或者礼拜或者持诵经咒，或者竭诚旋绕，一心缘念三宝及殊胜的坛场胜境。如《羯磨疏》所提示的忏悔须具五缘相：一是请众圣，即请佛菩萨为证也。二是诵经咒，即讽诵经咒。三是说己罪，即说忏悔。四是立誓言，即今发愿。五是如教明证，即今求相简择邪正。

四、威仪行相：

敬佛仪相、入寺法式、建寺、造像、造塔、离诸非法等内容，都是在法、体、行三者的基础上，于修行生活中所展现出来的诸多威仪幢相。

所以，元照律师在《资持记》里面说：“若非辨相，则法体行三，一无所晓。何以然耶？法无别法即相是法，体无别体总相为体，行无别行履相成行。”所谓：“事由理持，理由事显。”尽管法、体、行三，是无上的高妙和不可缺，但如果没有通过“相”的展现，将不得而知、一无所晓；但戒相如果没有前面三者作为根本原理的依托，那相的展现也只是“样子”而已，不能称为“戒之相、法之相、体之相、行之相”。所以元照律师接着又说：“是故学者于此（戒相）一门，深须研考。”

第二章　四科的原理

第一节　戒与体、行、相

体、行、相三者，是从“戒法”而得名，所以一一都可以称戒体、戒行、戒相。这样即能彰显体、行、相之善是无漏解脱大善，并不同于世间的有漏泛善。再者，因为后面三者，是在受戒者领纳戒法之后，所生起的体、行、相，所以必须贯上“戒”字，以显示后面三者所行，是在戒的原则下而行的。或者也可以以“法”字贯穿之：法体、法行、法相。

第二节　法与体

在没有受戒之前，法只名为法，它的体性是无情，因为法未被有情所纳，所以说是无情。如果受戒者进行“尽形寿”一期生命的起誓、通过得戒众缘的和合而领纳之后，即有一种功能业用的产生；由于此法在内心能产生功能作用，这就是戒体。

再者，所谓的体，是戒法所依之根本，戒法是能依，戒体是所依（能够被戒法所依），不能说两者是相同的；或者说，受戒的行者虽然得体，而生活应对还得用戒法来衡量，由此不能说两者是相同的。又说：所谓的戒体，是领纳圣法于受者内心，此戒法当下即是所纳的戒体，由此不能说两者是差异。其实应该要知道，谈到法不一定是体，说体必定是法。他们两者是不即不离、非同非异的关系。犹如药丸：药味各别比喻种种戒法，将各种药和合成为药丸就像戒体；药丸不是他物所成，合各药物即是丸；两者虽然是差异而是相同的，虽然说它相同却是有差别的。应这样来理解法与体之间的关系。

第三节　行与相

行与相应从身口意三业来区分。戒行属于意或心行，戒相属于身口。为什么行属于意业？这是就能观察来说，于持戒时，内心生起守护戒体的一种愿望，此心能记忆、能持守、能预防，所以说是意业。如果有人简单地认为行是指行为，那就应该是属于戒相所摄。为什么戒相是属于身口呢？通过前面戒行——内心的预防与持守，再通过身口的动作表现出来，就是戒相。这样，行与相通过三业来区分，就很清楚了。

第四节　相与法、体、行

轨正凡夫从向圣人名为法，总摄法界善法纳入心胸名为体，身口意三业不断的行持修正名为行，三业修正的形相表现于外而了了分明名为相；由法成体，因体起行，行必据相。其实应该知道，所谓的相即是法相，复是体相，又是行相；法无别法即相是法，体无别体总相即体，行无别行履相即行，离开这三个就没有别的什么相可说了。如果迷昧前面的法、体、行三者，直接来解释戒相的话，不但没有原因次序，也不知道其源头。学修过程中，如果没有依法、体、行精神原则，即使对于戒条分析得深入而微细、持守得用心而执着，也是无太大的益处，最终也难以了解“相”之所以为“相”的根本要义。

第五节　受体与行

“受”是尽此一生的期限要约，用心缘念周遍境界而成就的一种誓愿受体，“行”是随顺于曾经所发的誓愿进行修行。譬如建造宫殿屋宅，事先要确立院墙范围，之后依据这样场所进行经营构造乃至尽于一生。这就相当于，我们要求证得解脱圣道，就要在受戒坛场当中受得戒体；在领纳戒体之后，于生活当中必须依照曾经的誓愿进行持守修行乃至尽于此生，这就是戒行。

如果只有受戒而没有随行的话，其实就像一个只有围墙而没有具体建筑物的空愿院子，这样免不了受寒露侵袭的流弊过失（对修行来说将会沉沦恶道）。如果只有持守某些所谓的戒律，而没有参加坛场诸位法师证明与自己誓愿的受戒过程，这样只能得世间善法增上，不能得真正功德增上，因为他的心量是有局限而不能周遍的原故；譬如没有院墙的屋子，不免被盗贼穿墙而入窃去珍宝。所以，必须受戒与持戒相互资持统一，才能达到功德增上与解脱目的。

第六节　受随与感果

受戒是助缘，因为还没有持戒功德的原故。要感得乐果，必须随体持守，面对境界要自我防范，以这样的持戒功行才能解脱烦恼到达圣果之地。

在这持戒阶段来说，受戒是比较疏远而次要的，而随体持戒是主要而亲近的（如果就受戒阶段来说，当然是受戒纳体为最重要）。所以，受戒完毕之后，到达尽此一生的阶段中，都要运用各种修学方便来提振自己的正念，保护原本所受的戒体，并将这种持戒愿心纳入自己的生命内心，于持守过程中以不贪不嗔不痴的三善法来作为心体；这是受戒后依照戒相所必须的发心持守。道宣律祖认为，如果只有受戒而不持戒，反而被戒所欺所害，最终因为犯戒而流落苦海，如果是这样的话，还不如不受，因为没有受就没有戒可违犯。道宣律祖此说，旨在激励劝导受戒者应尽量持戒切莫违犯，而不是叫我们不要去受戒。

第三章　三名四科是佛教修证模式

综观佛陀教导弟子的大小乘经典中，关于提到学修过程时，许多经典都不约而同地将它分别为教、理、行、果之四法（或略为教行果三法）。此四法乃是佛、法、僧三宝中法宝之内容，一般称之为四法宝。即指能诠之言教、所诠之义理、能成之修行、所成之证果。佛教一般修证之次第多为依教诠理，依理起行，依行克果，故又连称为教理行果。

据《大乘本生心地观经》卷二载，能破无明烦恼业障之声、名、句、文，称为教法；有为无为之诸法，称为理法；戒、定、慧之行，称为行法；无为之妙果，称为果法。《大乘法苑义林章》卷六载，教为音声、名、句、文等。理为二谛、四谛之理。行谓三乘之因及圣所起之自利、利他诸行。果即三乘无学所得大涅槃、大菩提之果。《成唯识论了义灯》卷一更设四法宝，各有三种：教有无义言、邪妄言、如义言；理有增益义、损减义、顺体义；行有顺世因、邪僻因、处中因；果有谄诳果、虚妄果、出世果。

虽然，诸经论都重点提出了这样的学修模式，但在戒学的三名四科中，同样具备这样的修学模式。来看下面的分析。

第一节　戒法三名

戒法有毗尼、尸罗、波罗提木叉的三种名称。毗尼是律，指律藏条文之“教”法；尸罗是警戒或持戒，指依照律藏文意，在内心之中确定行持之用心行，是“行”法；波罗提木叉是处处解脱，于行持戒法过程中，持守一戒即得此戒的解脱，这是“果”法。这样的过程就是一个教、行、果的过程，虽然没有提到理法，但律教所诠释的必是开遮持犯、轻重缓急、因缘果报的修道原“理”。所以，戒法的三种名称所含摄的内容与诸经论所提到四法宝，完全统一吻合。所以说，它不但是戒学的学修模式，同时更是整体佛法的修学模式。

第二节　戒律四科

戒律四科，所说的是行者从学习戒法到解脱烦恼的四个过程。戒法是佛陀制定的佛教规章制度，特别在收摄行者的身口方面，能起到与圣人统一的威仪效果。在僧团最高领导组织的神圣会议表决认可后，后学僧众以最真诚、最肺腑之誓言，在内心确定了自己今后“以戒为师”的精神意志（同时也确立、取得了比丘身份），这是戒体。内心既然落实了这样誓言，故于修行生活的对境中，时时刻刻都提高觉照，该守护的坚决不犯，该进取的积极向上，这是由于得到誓愿之体而正确无误地落实于内心深处的行持。通过前面三者的学习、领会与实践之后，在修正行持上、对人待事上、独处静心时，都能表现出如此完美无缺的身形动作、威仪修养的相状。

佛陀在教化众生过程中，依然没有离开戒法的四个教育模式：学习教法（戒法）、领会教法（戒体）、落实教法（戒行）、展现教法（戒相）。于修行任何一个法门时，能够不用学习教法吗？学习教法难道不用通过领会将它纳入生命吗？领会之后难道不用实践就能达到目的吗？无误地依照以上三者，自然就展现出庄严肃穆、摄受无方的圣人之相。所以戒法四科依然是佛法修行的模式，各种法门都不能离开这样的模式。

第三节　三名与四科

在文字的表述或称呼上，三名与四科不太相同：戒律三名是律教（毗尼）、行持（尸罗）、解脱果（波罗提木叉）；四科是法、体、行、相。但通过义理的分析与比对，他们之间却是统一而无差别的。

四科，戒法所包含的内容不外乎是律藏“教”法与教法所阐述的开遮持犯，轻重缓急，因缘果报的修道原“理”。戒体与戒行，戒体是一种有待发动正确行为的一种誓愿，可以将它纳入行的范畴；戒行是继承了誓愿，在内心与身口方面展现了无误的心“行”。戒相，或者我们可以理解为行者的正确形相，因为任何佛教圣贤行者的威仪都不能逾越戒相的范围。在这里学人尝试着做这样两种的理解：一是圣人实证的内在解脱果相，虽然凡夫不能窥见圣人之境界，但其摄受众生之正见、福德、智慧、庄严果相气息（但在度化特殊众生的因缘情况下，也会示现圣人的神变无方、辩才无碍的能力)，总能或多或少地流露出来；二是凡夫僧久久养成良好的戒律威仪之果相。通过这样的分析比对，这两者虽都以“相”字来表述，但究根结底还是因为成就了戒法之后，所能展现的解脱“果”法。

通过这样的分析，四科所说的戒法—教、戒体戒行—行、戒相—果与三名所说毗尼—教、尸罗—行、波罗提木叉—果，虽然文字表述有所不同，但其最终的指向是一致的，是要求行者能够研教、修行、证果。所以，戒律的内容在三藏中虽是属于律藏范围，但与经论一样，同样都给行者提供一个统一不变的修学模式。可以确定地说：三名、四科都是修学佛法的模式。

例　言

数年已来[1],欲于南山律中摭挈[2]其为在家居士所应学者,辑为一部,名曰南山律在家备览。老病因循[3],卒[4]未成就。今先辑略编,别以流通。虽文不具足,义未详释;而大途[5]略备,即此亦可窥见[6]广本之概致[7]焉。

【注释】例言:或者叫凡例。就是在书本的正文前头,用以说明该书的内容、编写格式等的文字,叫作例言。这个例言,是弘一大师说明自己在撷录、编撰《在家备览》这本书的缘起、过程、所用格式以及本书的纲要等。　①数年已来:弘一大师六十岁至六十一岁间(公元1939—1940年),在泉州永春普济寺山中茅篷闭关时撷录在家备览完毕。　②摭挈(zhíqiè):摭是摘取,挈是提起;就是于南山律当中摘取出重要的内容。　③因循:沿袭并按照老办法做事,这里是病痛一直缠身的意思。　④卒:终于,始终。　⑤大途:途是道路,大途就是重要关键的意思。　⑥窥见:暗中看出或觉察到。　⑦广本之概致:广本的大概情况。由于弘一大师六十三岁就往生了,所以这里所提到的广本,是尚未辑录出来的。

【今译】(弘一大师说)多年以来,一直想在《南山三大部》当中摘取纲要的、遍通道俗的合适内容,作为在家居士所应学习的资料,将它编辑成为一本书籍,取名为《南山律在家备览》。由于老病缠身,未能如愿地成就此事。现在大略、主要地辑录一些内容进行编辑,取名为《在家备览略篇》,先进行流通。虽然相对于《南山三大部》的文章内容来说,此《略编》不够完备,也没有对其意义作详细的解释。然而,此书的内容大纲基本具备,由此也可以看到《备览》"广本"之大概情况(大师想等以后有机会再编辑"广本"内容,再进行流通,所以他说"别以流通"。但大师编完此"略编"没多久就往生了,所以就没有"广本"一书)。

所云南山律者,唐道宣律师居终南山[1],后世因称其撰述曰南山律。南山以法华、涅槃诸义,而释通四分律。贯摄两乘[2],囊包三藏[3],遗编杂集[4],攒聚[5]成宗。其撰述最著者,为《四分律删繁补阙行事钞》——略云事钞、《四分律含注戒本疏》释南山所集含注戒本——略云戒疏、《四分律随机羯磨疏》释南山所集随机羯磨——略云业疏,世称为南山三大部。

虽正被[6]僧众学习，而亦兼明三归、五戒、八戒等。又法体持犯等诸义章，亦多通于五八戒也。

【注释】①终南山：又名太乙山、中南山、周南山，简称南山，是秦岭山脉的一段，西起陕西咸阳武功县，东至陕西蓝田，相距八百里。千峰叠翠，景色幽美，素有“仙都”、“洞天之冠”和“天下第一福地”的美称。主峰位于长安区境内，海拔 2604 米。对联：“福如东海长流水，寿比南山不老松”中的南山指的就是此山。 ②两乘：指大乘与小乘。乘为运载之意，运载众生度生死海之法。佛陀所说之教法可大别为大、小二乘。佛为声闻、缘觉所说之法称小乘，佛为菩萨所说成佛之法称大乘。小乘人发心比较小，大乘菩萨发心大。 ③三藏：藏，意谓容器、谷仓、笼等。指经藏、律藏、论藏。是印度佛教圣典之三种分类。(一)经藏，佛所说之经典，上契诸佛之理，下契众生之机；有关佛陀教说之要义，皆属于经部类。(二)律藏，音译毗奈耶藏、毗尼藏，意译调伏藏。佛所制定之律仪，能治众生之恶，调伏众生之心性；有关佛所制定教团之生活规则，皆属于律部类。(三)论藏，音译阿毗达磨藏、阿毗昙藏，意译作对法藏。对佛典经义加以论议，化精简为详明，以决择诸法性相；为佛陀教说之进一步发展，后人以殊胜之智慧加以组织化、体系化的论议解释。 ④遗编杂集：收集遗漏闲杂之文章。 ⑤攒(cuán)聚：细致而有条理的聚集、组合。 ⑥被(pī)：覆盖、加被。

【今译】所谓“南山律”，是唐朝道宣律祖居住于长安终南山而撰写的关于戒律方面内容的著作，因此后世就称他的撰述为《南山律》。南山律祖以《法华经》、《涅槃经》诸大乘经典思想内涵，来解释疏通四分律，使小乘律能够“分通”大乘思想。南山大师能贯通统摄大小两乘，通达三藏，以及收集遗漏闲杂之文章，将它条分缕析地聚集成为一宗。他的著作中流传最广、影响最大的是：《四分律删繁补阙行事钞》——略称“行事钞”，《四分律含注戒本疏》解释他自己所集的《含注戒本》——略称“戒本疏”，《四分律随机羯磨疏》解释他自己所集的随机羯磨——略称“业疏”，后世学者称呼此三种著作为《南山三大部》。此三大部，虽主要学习对象为出家僧众，但它兼带阐明三归、五戒、八戒等的内容。而且法、体、持、犯等许多内容章节，也是贯通于五戒、八戒的。

【评析】“虽正被僧众学习，而亦兼明三归、五戒、八戒等。又法体持犯等诸义章，亦多通于五八戒也。”三大部的内容，虽然主要的学习对象是出家众，而且是比丘僧。但他的中心思想是遍通于在家归戒的。就近来说，出家僧人要求学戒解脱，那是出家僧众的主要目的之一；但站在长远的立场来说，在家居士除了护持三宝外，其实最终目的还是要求烦恼消除，解脱自在。僧俗两众，虽任务、先后有所不同，但最后目的都是一致的。这两句话就引出了以下几个值得思考的问题：一、三归、五戒、八戒不仅只是几条条文而已，还有更深厚的精神内涵，要让居士来了解学习。二、戒律精神内涵通于五戒、八戒，但在一个相当长的历史时期之内，包括在家居士在内的佛教五众都不能自行翻阅与学习，那么，这样的重要内涵应该通过怎样的渠道才能学习得到呢？很可惜，这样的渠道在弘一法师之前的千余年当中，都没有得到有效拓展，致使有心居士也没能品尝到戒律真正精神的法味所在。三、由于这样的原故，弘一大师为了顺应道宣律祖的思想，切实给居士创造学习戒律内涵的机会，在病痛老迈之年，撷录这样一部有划时代意义的著作。

逮及[1]北宋，元照律师居钱塘灵芝寺[2]，中兴（由衰而复兴）南山律宗。撰《资持记》以释《事钞》，撰《行宗记》以释《戒疏》，撰《济缘记》以释《业疏》。今辑《南山律在家备览》，即据已上诸书而为宗本[3]；并采撷《南山拾毗尼义钞》、《释门归敬仪》、《灵芝芝苑遗编》等，以为辅助。是编兼收南山、灵芝二家撰述，而唯标云"南山律"者，以灵芝撰述皆依南山遗范发扬光大，缵述[4]相承，故唯标云"南山律"也。

【注释】①逮及：及至，等到。　②钱塘：古县名，即今浙江省杭州市。③宗本：根本宗旨。　④缵(zuǎn)述：继承传述。

【今译】到了北宋时期，居住于钱塘灵芝寺的元照律师，复兴了南山律宗。他撰写《资持记》以解释《行事钞》，撰写《行宗记》以解释《戒本疏》，撰写《济缘记》以解释《业疏》。现在所辑录的《南山律在家备览》即根据以上书籍作为宗旨根本，并采录南山律祖另外的《南山拾毗尼义钞》、《释门归敬仪》及元照律师的《灵芝芝苑遗编》等书以作辅助参考。此《在家备览略编》兼收了南山、灵芝两家著作思想，但书名仍冠以"南山律"。是因为灵芝律师的著作、思想都是依照南山律师的遗留风范，并将它发扬光大。由于灵芝律师是继承、传述了南山律师的著作思想，所以还是单独标名为"南山律"。

是编分为四篇：一宗体篇、二持犯篇、三忏悔篇、四别行[1]篇。于篇中复分为门，再分为章、节、项、支、类、端、目，以示次第。

【注释】①别行：指不同的、微细的、琐碎的行持。

【今译】此《在家备览略编》分为四篇：一宗体篇，是讲述戒律的宗旨体性，对实践下面三篇的修行者确立了最高的思想归处。第二持犯篇，此篇讲述持守犯戒因缘条件及轻重情况。有了前面宗体思想的指导，在用心持犯过程中就有个统一的归处，也有了评判是非的标准正见。第三忏悔篇，是讲述若有所犯如何进行忏悔清净。第四别行篇，是指导居士在生活细节行持过程中的自我统摄与规范，诸如入寺、恭敬三宝、威仪身形以及提升出家学道的信念等内容。

于每一篇当中又分为门，以及章、节、项、支、类、端、目的小科目，以此显示其中的次序，便于读者阅览。

南山之文古拙[①]，而义赜隐[②]。后之学者，未可畏难，浅尝辄[③]止。宜应习览，自易贯通。

【注释】①古拙（zhuō）：词句古朴。在文章书写过程中，没有修饰华丽的语句。　②赜（zé）隐：深奥幽隐。就是义理深奥，意思不明显。　③辄（zhé）：就。

【今译】由于南山道宣律祖的著作文章用辞古朴简洁，但意义又特别的深奥幽隐，后学之人不能畏惧艰难，肤浅地品尝一下就停止不学了。应该要长久深入地学习阅览，这样自然就会容易贯通了。

【评析】弘一大师担心在家居士鲜有能够接触到这部在家律学经典的，又担心这部经典文字古朴晦涩，让有心学律的普通信众望而却步、痛失良机。所以他就提供了自己多年学习戒律的经验来告诉后生，希望后生能够"未可畏难，宜应习览"。虽然是寥寥数语，但从此可以看出大师的悲心切愿，殷切希望佛教的居士团体在住持僧宝带领下，能有一个如法持戒、积极向上、慈悲庄严、清苦实践的气氛。

诸文上端皆冠以▲△记号：冠以▲者，示此文别起。冠以△者，示与前义有所关系，其△记号下有续云、又云之别。续云者，示此文与前段相续；又云者，示此文与前不相续而义有关系。

【今译】在备览的文章前面冠上▲△的记号：▲记号表示这段是另外别起的，△记号表示这段文章与前面文义有所联系。△记号又有续云与又云的区别：续云表示这段文字与前段是相续的，又云表示这段文字与前段文字不相连，而意义有关系。

养痾[①]山中、勉辑[②]是篇。偶有疑义、无书可考。益以[③]朽疾相寻[④]、昏忘非一。舛伪[⑤]脱略、应所未免。率[⑥]为录出、且存草稿。重治校订、愿俟[⑦]当来。

【注释】①养痾(kē):痾是病,就是养病。　②勉辑:勉是尽力,就是尽力编辑。　③益:益是再加、更加,以是由于。　④朽疾相寻:朽是衰老,疾是病,相寻是相继不断。就由于衰老且病痛接连不断。　⑤舛(chuǎn)伪:舛是错误,伪是不合理的。　⑥率:轻易或不慎重。　⑦俟:等待。

【今译】我(弘一律师)在泉州永春普济寺山中茅篷养病时,勉力地来编辑此《备览略篇》一书。编辑当中,偶尔遇到疑点也没有资料可查考;再加衰老及病痛接连不断,经常昏晕健忘。所以本书存在错误及脱略之处是在所难免。现在就这样粗略、不严谨地将它辑录出来,暂且先存此草稿,希望等以后再来重新整理与校订。

【评析】从这段文字我们可以看出:一、大师身为出家比丘,学戒持戒对出家人来说是天经地义的。但从在家护法弟子来说,为了自修、护教、辨别邪正,又何尝不应学习相应的戒法呢?二、从《南山三大部》的学习对象来说,只能是出家僧众,而且必须是受过具足大戒的比丘。其余三众都不能阅读,何况是在家居士。三、从《南山三大部》的内容来看,许多内容又是遍通于在家戒法当中,在家居士也必须要学习与实践某些戒律内容。

在此种复杂的因缘下,大师不辞劳累、忍受病痛、谢绝外缘、隐避山野,以瘦弱的身躯、极差的眼力在"青灯下、黄卷中"为在家弟子找寻着"戒和同修、断惑证真"的法宝——《南山律在家备览》。这是怎样的一位"悲心愿海、为法忘躯"的大师呀!所以,在家居士能够看到与出家法师一样的戒律要义,必须要发自内心的感恩一代律学大德——弘一律师,也必须要用最大的积极态度、刻苦精神来学习此书。

释题

《南山律[①]在家[②]备览[③]节选[④]译注[⑤]》

【注释】①南山律:南山是长安的终南山,律是律典、律书。就是唐朝道宣律师在此山丰德寺、净业寺所写成以注解四分律的《南山三大部》,后人称此书为南山律。　②在家:又作居家、住家、在家人。为"出家"之对称。即指成家立业,过着家庭生活,而自营生计者。在家而皈依佛教,受持三归五戒者，亦成为佛教教团之一员，男众称为优婆塞，女众称为优婆夷。又因当时印度在家人穿着习俗是白色衣服，出家人穿着黑木兰色袈裟，故又称在家人为“白衣”，称出家人为“缁衣”，合称在家、出家二者为“缁素”。然在家人亦有深位之菩萨，如维摩诘（佛在世毗耶离城之居士）、贤护（是王舍城在家菩萨）、胜鬘夫人（舍卫国波斯匿王之女）、庞蕴（唐代著名在家禅者。世称庞居士）等，彼等皆在家人证果之典型。又谓在家菩萨若福德因缘殊胜，而有大财富，复知因果罪福，兼能悲悯众生，则其求佛道宜先行布施，次第随因缘行诸波罗蜜。 ③备览：提供阅览。弘一大师采择《南山三大部》的纲要内容，纂（zuǎn）辑成书，以提供给在家居士阅览。 ④节选：选取《在家备览》当中纲要、重点内容。 ⑤译注：直接简明的注释与翻译，本书通过注释、今译、评析的三种方式进行译注。

【今译】《南山律在家备览节选直解》就像弘一律师所说，本书“文辞古拙，义意赜隐”，学人尝试用注释、今译和评析的三种方式对原文进行解释，希望能给学习备览的法师或居士，起到一个抛砖引玉的作用，不断地来完善自己言行的规范与达到生命的提升。

宗体篇

▲事钞云："今略指宗体[1]行相，令后进者[2]兴建[3]有托[4]。"

△事钞又云："但戒相多途[5]，非唯一轶[6]；心有分限[7]，取之不同。若任境彰名，乃有无量。且据枢要[8]，略标四种：一者戒法，二者戒体，三者戒行，四者戒相。"

【注释】①宗体：宗是法，就是戒法与戒体。 ②后进者：学识或资历较浅的人或后学之人。 ③兴建：发心立行。 ④有托：认识戒体，持守戒法，成就业因，感行善果。 ⑤戒相多途：戒相有五戒、八戒、十戒、具足戒的多种不同。 ⑥一轶(yì)：一种或一则。 ⑦分限：界限或限度。 ⑧枢要：枢就是门上的转轴，是要义的意思。

【今译】《行事钞》说："今大略指出法、体、行、相四科，使令后学者的发心立行有一个依托。"《行事钞》又说："然而戒相有五戒、八戒、十戒和具戒四种，不只是单一的一种或一则。由于受戒者发心有上、中、下三品的界限，从而导致所纳受的戒体也就有三类不同了。如果依无限的情、非情对象来彰显、确立名称的话，那就有无量无边之多。暂且依据枢要来说，约略的可标列为四种：一是戒法，二是戒体，三是戒行，四是戒相。"

【评析】由于律典当中未能明显提示出戒律的用心、行事之法要，所以道宣律祖在多年学习、持戒和禅坐的感悟过程中，总结出戒律的四大根本要义。在强大的护教精神及提携后学上进的悲心触动下，将它撰述出来，以使来者的发心立行有一个与道相应的准确方向。

▲资持云："欲达四科，先须略示。圣人制教名法，纳法成业名体[1]，依体起护名行，为行有仪名相[2]。须知下三从初得号，是故一一皆得称戒，或可并以[3]法字贯之[4]，方显体及行相非余泛善[5]。"

【注释】①纳法成业名体：纳是用心来领受、缘念；成业是成就一种业用、作用。体是一种永不放弃、永不违背的誓言、愿心。 ②有仪名相：仪就是威仪。戒相有两种：一就威仪行为所展现的居士相或僧相；二以法为相，就是平常所说的五戒、八戒当中的条目戒相。 ③并以：都以。 ④贯之：贯穿之。 ⑤泛善：没有通过佛教受戒仪轨所作的持戒、修善，都是世间泛善。

更严格说，受戒而没有依照“正念离非，身口不犯，洞明开遮持犯”的原则而持戒，都可以说是泛善。

【今译】《资持记》说：“想通达了知四科，之前必须作个约略的提示：圣人佛陀制定言行教诫（制度）名为法，受者用心领纳教法成为业用或内心的力量名为体，依此誓愿心体而起持护名为行，三业所行有一定的仪相规律名为相。要知道后面的体、行、相三者，是从初‘戒法’而得名，所以分别可以称戒体、戒行、戒相。或者可以以‘法’字贯穿之：法体、法行、法相。这样才能彰显体、行、相之善是无漏解脱大善，并不同于世间的有漏泛善——因为后三者是在受戒者领纳戒法之后，所生起的体、行、相，所以不同于世间有漏善法。”

▲资持云：“问：法之与体，同异云何？答：业疏云：体者戒法所依之本。是则法为能依[①]，体是所依[②]，不可云同。又云：戒体者，所谓纳圣法于心胸，即法是所纳之戒体；据此不可云异。应知言法未必是体，言体其必是法，不即不离[③]，非同非异[④]。”

济缘云：“问：即法是体，法体何分？答：若望[⑤]未受，但名为法，体是无情[⑥]。若加期誓[⑦]，要缘[⑧]领纳，依心成业，此法有功乃名为体。如药丸喻，药味各别如戒法也[⑨]，和合成丸如戒体也。丸非他物，即药成丸。虽异而同，虽同而别，如是知之。”

【注释】①能依：戒法是能够依靠。　②所依：戒体愿心是被戒法依靠。简单说，戒法依靠戒体。　③不即不离：戒法与戒体两者，不能说是一个，也不能说是两个。　④非同非异：戒法与戒体两者，不是相同的，也不是别异的。　⑤望：就，对于。　⑥体是无情：在没有受戒前来说，所说的“体”只是名言概念，他必须在心力缘念戒法的条件下，与心合一时产生一种誓愿不犯的坚固心体。无情，没有情识活动的，如矿植物等。　⑦期誓：期就是一期生命，誓就是誓愿。从受戒时所约定到一期生命结束时，坚守不犯的一种誓愿。　⑧要缘：依照规定的条件因缘。　⑨药味各别如戒法：药丸是由很多味的药和合而成的，在未和合之前各有自己的药味。而戒法也是有各种的不同，有三皈、五戒等。

【今译】《资持记》说：“问：佛陀制定的戒法与受戒者所领纳之戒体，有什么相同与别异？答：《业疏》说，所谓的体，是戒法所依之根本。戒法是能依，戒体是所依（能够被戒法所依），不能说两者是相同的。或者说，受戒的行者虽然得体，而生活应对还得用戒法来衡量，由此可知不能说两者是相同的。又说：所谓的戒体，是领纳圣法于受者内心，此戒法当下即是所纳的戒体，由此不能说两者是不同的。其实应该要知道，谈到法不一定是体，说体必定是法。他们两者是不即不离、非同非异的关系。”

《济缘记》说：“问：如果法的当下就是体，那么法与体怎么分别？答：如果就没有受戒时来说，法只名为法，体是无情，因为法未被有情所纳，当然是无情了。如果受戒者进行‘尽形寿’一期生命的起誓，通过得戒诸缘而领纳，依心领纳之后而有一种功能业用，由于此法能产生功能作用就名为体。如药丸的比喻：药味各别比喻种种戒法；将各种药和合成为药丸就像戒体；药丸不是他物所成，和合各药物即是丸；两者虽然有差异却又是相同的，虽说相同却又是有差别的。应该这样的去了知法与体之间的关系。”

【评析】此段说明法与体之间的关系：一、法是能依。二、体是所依。三、二者不能说异，体是受者领纳法而成的，故不能说异。四、二者不能说同，未受时但名为法；受了之后，此法在内心产生作用名为体，所以不能说是相同的。五、言法未必摄体，言体必能摄法。

▲资持云：“问：行、相何异？答：三业分之。”

【今译】《资持记》说：“问：行与相有什么不同。答：应就身口意三业来区分。戒行属于意，戒相属于身口。为什么行属于意业呢？这是就能观察来说，于持戒时，内心生起守护戒体的一种愿望，此心能记忆、能持守、能预防，所以说它是意业。如果有人简单地认为行是指行为，那他就是被戒相所摄。为什么戒相是属于身口呢？通过前面戒行——内心的预防与持守，再通过身口的动作表现出来，就是戒相。所以，行与相通过三业来区分，就很清楚了。”

第一门　戒　法

第一章　戒法总说

▲事钞云：“言戒法者。语法[1]而谈，不局凡圣。直明此法，必能轨成[2]出离之道。要令受者，信知有此。”

△事钞续云:“虽复凡圣通有[③]此法。今所受者,就已成[④]而言,名为圣法。”

【注释】①语法:谈论或论议此戒法。 ②轨成:轨是轨道,就是必须遵循的规则。这里表示,戒法是凡夫到圣人的过程中必须要遵从的轨道。③虽复凡圣通有:虽复是纵然。通有是都有,通是普遍性。 ④已成:已经修成了圣人,初果罗汉以上所修的三学。

【今译】《行事钞》说:“所谓的戒法:就谈论戒法来说,是不局限于凡夫或圣人的。虽然此戒法遍通于凡夫及圣人,但直接就圣人来说,此法必定能够导轨众生出离三界成就圣道。一定要使令受戒者信受了知有这样的法。”

《行事钞》又说:“纵然凡夫和圣人都有戒法,但现在说的所受之法,对于已经成就的圣人来说,叫做圣法。再者,由于因地凡夫是取圣人的果号来命名,因此虽然现在是凡夫,此法依然可以名为圣法;又,纵然凡夫及圣人通通都有此法,但今就所受之法来说,是对于已经成就的圣人来说,所以名为圣法。所以,凡夫受此法也叫圣法。”

【评析】此段文字提到关键的几个内容:一,凡夫、圣人都有此戒法,对于圣人来说则叫圣法。二、戒法的体性是,能够轨成众生从凡夫此岸到圣人的彼岸。三、要使受戒者信受,戒法有这样的功能。但此处没有直接说明什么是戒法。

▲业疏云:“问:人皆知受,所受是何?答:相传[①]解云:受名圣法。由此法故,奉敬守护,净如明珠,能为圣道作基址[②]故。”

【注释】①相传:所说的相传,是道宣律师继承沿用之前诸大德所解释的内涵。 ②为圣道作基址:清净持守戒品,是为圣道打下唯一的解脱基础。

【今译】《业疏》说:“问,人人都知道要受戒,那么所受的到底是什么呢?答,如果沿用之前诸古大德所解释的内涵来说,所受的是圣法。由于有戒有法的原故,于生活中奉敬守护,清净犹如明珠,这样就能为凡夫成就圣道作基础。”

【评析】《业疏》所问的这个问题,是近现代承办传戒寺院、戒子及有能力改写历史之人所应考虑的问题。从清末到新中国成立、到“文革”直到宗教政策落实的近一个世纪当中,这个问题的提出都有它重大的意义。为什么呢?一、新中国成立之前,由于国难当头,僧人流离失所,律典遭受毁坏;二、新中国成立后的“文革”期间,中国传统文化遭到了灭顶之灾;三、在前面因素的影响下，使得受戒僧人以取得比丘资格及拿到戒牒为主要目的；四、在每次开受的戒场，都是人满为患，人数太多，等等的原因，致使传戒场所无法提供传戒教育及得戒开示，只知道叫戒子背诵功课与五十三咒；接下去就是没完没了的以打香板、跪长香、拜佛号、折衣具来消磨时间与折磨戒子，最终以发放戒牒为戒期的所谓“圆满”而结束。时隔千年，当我们重新读到道宣律祖的警言“人皆知受，所受是何”之时，感慨嗟呀，愈发感到此言振聋发聩，也备加珍惜当下机缘。

第二章　戒法大用

▲戒疏云：“斯乃①大圣降临，创开化本②。将欲拯拔诸有③，同登彼岸。为道④制戒，本非世福⑤。”

【注释】①斯乃：这是的意思。　②创开化本：创立开设化度有情之初本。　③诸有：众生的果报，有因有果，所以叫做“有”。有三有、四有、七有、九有、二十五有等之别，故总称为诸有。这里是指有情众生。　④为道：为了成就解脱之道。所谓道，通途来说是指声闻、缘觉、菩萨三乘。但就佛陀的本怀来说，乃至一个三皈依，都是为了成就众生证悟佛道而说的，所以，这里所说的道是指佛道。　⑤世福：《观经》所说三福之一。行忠孝仁义之世善，感人天之福果的是世福。《观无量寿经》曰：“欲生彼国者，当修三福。一者孝养父母，奉事师长，慈心不杀，修十善业。二者受持三归具足众戒，不犯威仪。三者发菩提心，深信因果，读诵大乘，劝进行者。”

【今译】《戒疏》说：“这是大圣佛陀降临世间，开创化导众生之本。目的是为了拔除三有拯救痛苦众生，而同登于佛道的彼岸。佛陀是为了成就众生的佛道而制戒，根本不是为了众生得些世间福果而制定戒律。”

【评析】学佛居士大部分都这么理解戒律：受持三皈依，是真正成为佛教徒的标志；受持五戒十善，保证来生能得人身或升天道；受持比丘大戒是成就罗汉果的保证；受持菩萨戒是成就菩萨的保证。

但从以上简短的文章可以知道，佛陀制戒不是为了成就众生来生的人道或者天道，也不是为了成就声闻道、缘觉道、菩萨道，而是为了众生成就佛道而制戒。乃至一个方便的三皈依，都是为了众生的成佛而设定的。所以，在皈依仪式的最后就有发四宏四愿的必要了：“众生无边誓愿度，烦恼无尽誓愿断，法门无量誓愿学，佛道无上誓愿成。”这段话与“佛道无上誓愿成”的意思是完全一致的。

△戒疏续云："然烦惑[①]难清，要由方便，致设三学用为治元[②]。故成论云：戒如捉贼[③]，定缚慧杀。三行相因[④]，斯须摄济[⑤]。故初行者务先学戒，检策非违。三业清净，正定正慧，自然而立。"

【注释】①烦惑：烦是昏浊不明，惑是乱动不安。 ②元：本。 ③贼：三毒结使（烦恼）能够劫掠行者善财，比喻如贼。 ④相因：次第而生。 ⑤摄济：不可相离。

【今译】《戒疏》又说："然而烦恼惑业实难清除，必须要有方法方便，致使先圣设立三学以为对治之本。所以《成实论》说：戒如捉贼，定如缚贼，慧能杀贼。三行相互因待，相互摄持周济。故初入佛门之行者必须先学戒法，时刻检察自己言行是否存在过非及违越。身口意三业如果能够清净无染，正定正慧自然而然就能确立显发。"

【评析】一切众生都具备成佛的可能性，此佛性的功能体用，能够随机或寂或照无有挂碍。但一旦迷失这样的妙性，就变成昏惑散乱了。翻此妙明变成无明，长期以来积成烦恼惑业，则随处计执人我，随境顺逆即生起贪嗔痴三毒，鼓动身口意而造作生死之业。这样即流转三途六趣，而历经亿劫无有穷尽。大圣佛陀见此，生起慈悲哀悯之心，为使众生离诸苦难，通过观察众生的病情深浅而开设种种法门良方，但总摄分为三种：内心思绪特别昏暗动乱，则对此病情设立定慧，身口的过非违越则对立净戒。佛陀圣教虽然很多，但总体不会超出三学，三学所立唯是依于色心（身心）二法。论究烦恼的生起，则是从根本意地而后发展枝末的身口；若谈论对治方法，则应该先消除粗显的身口过非进而进入细致的内心，佛陀首先制定戒律的用意就在这里。譬如污浊浑水，在波涛汹涌没有平息的时候，想得到清净澄洁是不可能的。三学次第的原理必然如是。若违背这样一个诸佛教化修学的常规模式，就完全背离佛道了。

▲资持云："五分功德[①]以戒为初，无上菩提[②]以戒为本。安有弃戒别求圣道？智论所谓：无翅欲飞，无船欲渡，圣言深勉，可不信乎？"

【注释】①五分功德：以五种的功德教法，成就自己的佛身，叫做五分法身：一、戒法身，就是如来的身、口、意三业，都已远离一切的过失。二、定法身，是说如来烦恼都已寂灭，远离一切的妄念。三、慧法身，是说如来的真实智慧圆明无碍,能够通达诸法的本质与表相。四、解脱法身,是说如来的身、心已经解脱一切的系缚,不会有任何挂碍。五、解脱知见法身,是说如来具备了知自己实已解脱的智慧。②无上菩提:菩提是觉悟佛道的意思。因为觉悟佛道,断除烦恼,没有任何的牵挂,而又能随缘感应,除觉悟圣人之外,其他的贤者不可能有这样洒脱自在,所以称这样的觉悟为无上。

【今译】《资持记》说:"(这是元照律师的一个重要开示)五分功德当以戒为最初,无上佛道菩提也以戒为根本。怎么可以放弃戒法而在别处寻求所谓圣道?如果是放弃戒法另求圣道,就像《大智度论》所说的'鸟没有翅膀而想飞,人没有船想渡海'一样的不可能。佛陀圣人如此深刻的勉励,难道我们还不相信啊?"

▲事钞云:"夫三宝所以隆安[1],九道[2]所以师训[3],诸行[4]之归凭,贤圣之依止者,必宗于戒。"

【注释】①隆安:兴隆而安稳永驻。 ②九道:也叫九有情居,或九众生居,简称九有或九居。于三界中有情乐住的共有九所地方:一欲界之人天,二梵众天,三极光净天,四遍净天,五无想天,六空无边处,七识无边处,八无所有处,九非想非非想处。 ③师训:老师的教诲。 ④诸行:一般解释诸行,是迁流不住的意思。但这里所说的诸行,应该是身、口二业的行为标准。

【今译】《行事钞》说:"三宝之所以能够兴隆安稳,九道众生之所以有老师教诲,身口行为的皈依凭借,圣人贤善的修学依止,等等一切都必须宗归于戒法而不能有所乱。"

▲羯磨[1]注云:"经云:有善男女,布施满四天下[2]众生四事供养[3],尽于百年,不如一日一夜持戒功德,以戒法类通情非情[4]境故也。"

【注释】①羯磨:译成中文是作业的意思。也就是进行授戒、忏悔等法事的一种宣告仪式,由于用这种的宣告文使法事能够成就、确定。 ②四天下:在须弥山四周的四大部洲:一南赡部洲,也叫南阎浮提,人寿命一百二十五岁。东胜神洲,也叫东弗婆提,人寿命五百岁。西牛贺洲,人寿命二百五十岁。北俱卢洲,也叫北郁单越,人寿命千岁。 ③四事供养:衣服、饮食、卧具、汤药,或房舍、衣服、饮食、汤药。 ④情非情:就是有情与无情。有情旧译为众生,即生存者的意思;新译为有情,指有情识、有情见的众生,如人类、诸天、饿鬼、畜生、阿修罗等有情识之生物。草木金石、山河大地等为非情、无情。而“众生”则包括有情及非情二者。

【今译】《羯磨注》说:“经上说,有善男女布施满四天下众生的四事供养,一直到一百年,还比不上一日一夜持戒功德。”

【评析】为什么布施这么多物品给那么多众生,还不如一日一夜的持戒功德?这是由于戒法能遍通于有情与无情之境上。也就是说,持戒者不但要在有情上进行防非止恶,在无情的草木上也要有爱护的善心。其次,行者于初受戒时,已经行财、法、无畏三种施尽于众生界——誓愿尽形寿不偷盗,已经布施法界有情之财;言不杀者,已经布施法界有情之无畏;用戒法来行己利他,即是法布施遍于众生界。再者,钱财是有局限与狭小的(又不能遍通于一切有情及无情之上),于布施前后,还要有人去收集与分配消散,于此集散过程中,不免会开启烦乱迷惑恼害之门(得到的会欢喜,没有得到的就生嗔怪)。而戒法却是清净澄洁,能够断绝以上所说那些烦恼的事情。所以说,持戒胜过财施。

其实,这里已经透露出佛教徒与慈善家有着本质上的不同了:

一、慈善家以世间道德关爱为思想,以人情温暖、物资金钱为媒介,以达到他人生活物质的提升为目的——这只能给予个别或小团体人们生活中一个阶段性的帮助。

二、佛教徒以出世解脱为思想,以提升智慧、持戒法施为媒介,以达到烦恼的最终断除为目的——这种修行可以享受尽未来际的解脱快乐。

当然,《中论》讲“不依世俗谛,不得第一义”〔1〕,为了佛教的和谐、慈悲精神能在人们心中有良好影响,慈善的方便手段还是需要的。作为一个佛教徒来说,要分清楚自己的身份和目标,要分清楚根本与枝末的关系。

△羯磨注续云:“论云:由戒故施得清净也。”

【今译】《羯磨注》引《智论》说:“由于有戒的原故,其布施才算是真正的清净。”

【评析】如果不持戒而行财施的话,就会出现多贪不净、以利求利、恶求多求的现象;会使来世感受不清净的果报。就像牛羊猪狗的衣着、饮食是如此的粗恶。如果能够持戒清净,不但断绝许多不净恶求,持戒清净之行及此“清净行”的念头也断绝放下,乃至即能成就佛果。

---

〔1〕《中论》,“观四谛品”。

元照律师在《资持记·序》里面说：出家之人，禀受戒法以为戒体，聚集法界善法纳于身心，行持必须根据戒体来修，所以名为随行；身口之动作必须与圣法要相符相称，故号称法身。若能如实地发心趣向这样一个宗旨，依此因行必能感得最终断除烦恼之果报也。然而就此说众生最初之心识是垢秽或者清净，其实都不对，因为此实不可得。由于经过因缘的流转变化，这个"我"就明显的炽然茂盛，接触任何事物即生情执，之后即随逐妄想意识兴造恶业；这样就系著于三界轮回之牢狱，受身于万类众生形状；亿劫轮回升沉，都别想有停息的时候。由此我佛如来乘唯一能使众生成就真实佛道之道，开辟大慈悲之门，使令众生究竟痛苦轮回之根源，所以制定戒法先除有漏恶业。譬如砍树，开始必先去除枝叶，这样不单能使果实、种子没有了依靠，也能使树根株干逐渐地朽败；所谓毗尼戒法作为教法者，其根本目的就在这里。

第三章　戒法名义

▲事钞云："依彼梵本，具立三名。初言毗尼，此翻为律[①]**。二言尸罗，此翻为戒**[②]**。三言波罗提木叉，此云处处解脱**[③]**。显三次第，即是一化始终**[④]**。律则据教。教不孤起，必诠行相，戒则因之而立。戒不虚因，必有果克，故解脱绝缚，最在其终。"**

【注释】①律：是一种教法。就是佛陀当年给弟子制定的生活、修行的规则，所涉及到主要有犯、不犯、轻、重等内容。　②戒：是一种行法，就是在修行中展现出来的身口意三业行为。关于教法（律）的生起，必定是为了修行方面邪正的指导与进止，正确的该修学，邪见的应当制止。　③处处解脱（就是条条解脱）：是一种果法。这是指在持守大戒、五戒、十戒之后，言行所展现出来的良好效果，或者更进一步地放下了以往心中不解与忧虑。持一条戒，就在这条戒的限制上不起烦恼，尊重守护；持两条、三条、十条等，在这些戒上都达到解脱，所以称为处处解脱或者条条解脱。　④显三次第，一化始终：这"教（修学方法）、行（生活的实践）、果（烦恼执着都消除的结果）"三法，其实是佛陀当年教化、训导众生，从始至终的一个过程。就是佛陀当年培训众生解除烦恼的一种普遍、必然的次序。

【今译】《行事钞》说："关于戒律的名称，依照印度的梵本全部有三个名称：第一名为毗尼，华语翻译为律；第二名为尸罗，华语翻译为戒；第三名为波罗提木叉，华语称为处处解脱。这样名称的排列，其实就显示了三种的修学次第；也就是说，佛陀降临世间，从成道开始到涅槃终结的一期过程，都依照此教、行、果次第对众生进行教化。所谓‘律’是对教法来说，但教法不会无因无缘、突然单独地生起，其生起是由于要诠释、指导学修过程中‘什么是法规条相，怎样进行行持修学’，这样‘戒’的意义就因此而成立了。戒法作为修道来说，并不是一种虚无（没有作用）的因行，通过持守戒法之因必定能够克证道果。所以，解脱去缚（波罗提木叉）排列在最后面。”

△事钞续云："次明其义。初云律者法也，谓犯不犯轻重等法，并律所明，即教诠也。二者戒义，戒者性也①，性通善恶，故恶律仪，类亦通周②；若此立名，戒当禁也。三解脱义者，近而彰名，随分果③也，谓身口七非，犯缘非一，各各防护，随相解脱；远取戒德④，因戒克圣⑤。望彼绝累，由遵戒本。"

【注释】①戒者性也：戒以本性、本质为名，他的性质通于善、恶、无记三性。②恶律仪，类亦通周：是说戒的本质、本性不但遍通于善律仪——善戒，同时也通于恶律仪——恶戒。 ③随分果：随于守护一条戒法，在这条戒律上就得到一分的解脱，就是得到部分烦恼消除结果。 ④戒德：戒法的功能德用。 ⑤因戒克圣：因为守护戒法的原故，最终就会克除烦恼证得解脱圣果。

【今译】《行事钞》又说："其次来说明以上三种名称的意义。第一，所谓的“律”是法的意思，就是说明犯、不犯、轻和重等法，这些都是律中所阐述的内容，也就是律教所诠释的部分。第二，‘戒’的意义，戒就是本性、本质的意思，此性通于善恶两边，所以恶律仪也是遍通周遍的；如果按照这样的意思来立名，戒就相当于禁止的意思了。第三，‘解脱’的意义，就近来彰显它名义的话，就是随分持戒、得随分解脱烦恼之果的意思——也就是身三、口四七处所犯过非的因缘并不是一种，在这种情况下，对于犯戒的众多恶缘来说，必须用心进行防护，随持一处戒相就得到一处解脱。如果就远的来说，是取持戒的功能德用，因为持戒能够克证圣果。所以，对于得到绝灭烦恼惑累来说，是由于遵守戒律、以戒为修学根本的原故。"如下表更为容易理解：

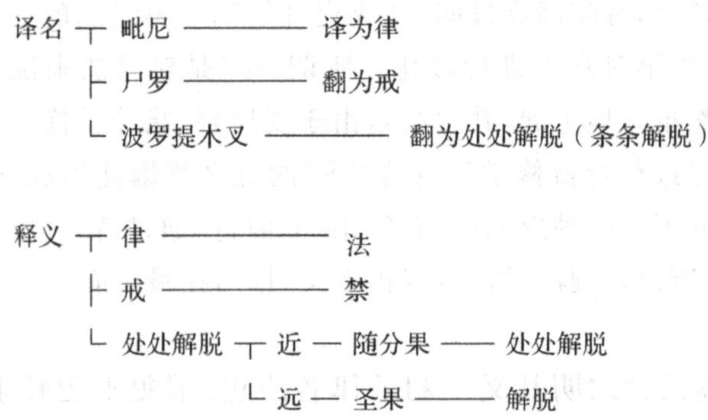

【评析】戒律的三个名称，其实就总示了佛弟子修证佛法三个具有普遍性、重要性的次序。从本位立场来说，戒律内容就局限在律藏所属的内容上，或许不能超越律典之外的法意。但从佛法宏观的止恶行善、修证佛道立场上看，佛教的每个教法、每个法门都具有“戒”的意义。譬如出现“内心的执着、修行的境界”，如果不进行放下的戒除、随缘的戒除，尽管经年累月地修学，也无法得到佛法真实意。由此可见，戒律宏观的修证意向，其实就是佛教整个修学形式。所以不能浅薄无知地说：“戒律只是小乘者所修，只能得小声闻果。”何况，佛在任何经典当中都提到戒定慧三者是相依不离的关系。

第四章　化制二教

南山大师以化、制二教分判佛陀一代时教，制教也称行教。化教是应众生之根性、能力而教化，使令了知因果道理与邪正差别之教法，称为化教。是实践定、慧之教，通于道俗，即大小乘诸经所说之教法；制教是明示佛弟子当守之戒律，称为行教。又作制教，为制止过误之教，即指戒律一藏。

▲业疏云：“自古详教，咸分两途。化教[1]则通被道俗，专开信解之门。行教[2]则局据出家，唯明修奉之务。”

【注释】①化教：化教，开演化导令识邪正，教本化人令开慧解，本非对过而立斯教。　②行教：也叫制教，它的生起必定是因为有了过失，随有过失而行制约，戒律一宗就属于制教。

【今译】自古判教，都分别为两种途径。化教是通于、加被出家道众及在家弟子，它专门开启对三宝的信心及理解之门。行教则局限于出家道众，唯是说明修持奉行戒律之事务。

【评析】十善、五停心观、四弘誓愿、六度的一切观行，都是化教之行业。毗尼所诠的开遮轻重一切律法，都是制教行业。化教是依据理性而谈，理有顺违。制教是就教法来说，教有持犯。再者，佛陀所说的一代教法总归于化行二教。能够开其信解，或用或舍都是随缘，没有强制性，所以名为化教。制定之后而必须修持奉行的，若有违反就有过错，有强制性的，这样就名为行教。

问：五八二戒既然是戒制，应该是行教所摄。答：是化教所摄。为什么呢？弘一律师说：南山律当中，十戒、具足戒属于制教，五戒、八戒属于化教。今案：五戒、八戒与常途之化教有所不同，应该正属化教，而义意相当制教。义意虽然通于制教，而教法终是局于化教所摄。犹如四分律宗，正属小乘而义理相当大乘。但义理虽通大乘，而教始终局限小乘。为什么说五戒、八戒等义当制教呢？如业疏说：如来设教犹如空界，随立一相摄修都尽。五戒是被俗之法，而五戒的体性却是通道之规，持犯相扶，难遮齐则。化教与制教的区别如下图所示：

┌ 化教 ——— 通道俗 — 开其信解 — 令开慧解非对过立 —
　　　　　　　　　　　　　　　　　十善五停 — 用舍任缘
└ 制教（行教）— 局道 — 制其修奉 — 持犯楷定随过治约 —
　　　　　　　　　　　　　　　　　开遮轻重等 — 违反有过

第五章　戒善之别

▲业疏云："问：一切善作[①]尽是戒否？答：律仪所摄善作名戒[③]。自余十业[②]，但单称善，不名为戒。"

【注释】①善作：行持善法。　②十业：就是十善法。　③律仪所摄善作名戒：律仪就是戒，戒有两个特点，一有本期誓，于最初受戒时立下了誓愿。二遍该生境，就是受戒发愿之心普遍到一切有情上，对他们不行杀、盗、淫、妄等。

【今译】《业疏》说："问：一切善法行持都是戒法所摄吗？答：律仪戒法所摄的善作才名为戒。自余行持十善业的，只能单称为善，不能名为戒。"

▲事钞云："宜作四句：一者善而非戒，谓十中后三[①]是也。律不制单

心犯[2]也。二戒而不善,即恶律仪[3]。三亦善亦戒,十善之中前七支也。以不要期直尔修行故名善也,反此策励故名戒也。四俱非者,身口无记[4]。"

【注释】①十中后三:十就是十善业身三口四意三,后三是意的贪、嗔、邪见。 ②律不制单心犯:律当中不制只是起心就犯戒的。在戒律判断犯戒与否时,要有起心与动身才是真正构成犯戒的事实,如果只是起心而未动身,还不算犯戒。 ③恶律仪:即为自活或为得利益而立誓行屠杀等业的。据《俱舍论》卷十四载,恶律仪为智者所诃厌,故名恶行,能障清净之戒律,故名恶戒,不禁身语之恶,故名不律仪。如《大方便佛报恩经》卷六举出屠儿、魁脍、养猪、养鸡、捕鱼、猎师、网鸟、捕蟒、咒龙、狱吏、作贼、王家常差捕贼等都是恶律仪。 ④身口无记:无记是善、恶、无记三性之一。无记是事物之性体中容,不可确定为善,亦不可确定为恶的;又感善恶果亦不可记不确定的。这里所说的身口无记,是说在没有善恶心的作用下,而出现身口的动作,这样的动作是无记的。

【今译】《行事钞》说,"应该用四句话来区别:第一,是善法而非戒法的,是十善业中的后三者不贪、不嗔、不邪见。因为仅仅是心中升起贪、嗔与邪见之念,不在戒律的裁罚范围内。第二,是戒法而非善法的,如世间立誓杀盗等恶戒。第三,既是善法也是戒法的,是十善业中的身三、口四七支。如果是没有通过誓愿、确定时限而直接修行的只是名善,反过来,通过誓愿、确定时限修行,以此来策励修学的才叫戒法。四非善也非戒的,就是没有心的作用而只是有身口的无记动作的。"

【评析】曾经有居士说:"我们也在持守五戒,只是没进行受戒的仪式而已。"通过上面分析我们就会知道,没受戒而守戒和有受戒而持戒的功德受用是天壤之别的。奉劝有心之士,要守五戒必定要通过受戒的仪式与纳受戒体。关于戒、善的区别,下文还会说明,这里暂且略过。

第六章　遮性二戒

▲戒疏云:"明遮性者,由恶缘境,不可随说[1],以义收之,大分为二。"

△戒疏续云:"言性恶者,如十不善,体是违理,无论大圣制与不制[2],若作违行感得苦果,故言性恶。是故如来制戒防约。若不制者,业结三涂,不在人道,何能修善。故因过制,从本恶以标名,禁性恶故,名为

性戒。”

【注释】①恶缘境，不可随说：由于恶缘之境非常之多，不能一一列举说明。　②无论制与不制：性即是体，违理之恶从心而生起，不是由佛陀制戒而有，所以说不管佛制定还是没有制定，若有违背，必定感得苦果。

【今译】《戒疏》说：“要了解遮戒与性戒的话，由于恶缘境界很多，无法一一举例随说，如果以义来收摄的话，大略分为二类。”又继续说：“所谓的性恶，如十不善业，它的体性是违背法理的，无论佛陀大圣制与不制戒律，如果有作违行必将感得苦果，所以说是性恶。为此如来制戒进行防止约束。如果不制定的话，将会造业堕落三途，而不是生于人道，又怎么能修善呢？因此因过失而制戒，是以它的本性有恶来标名。由于其禁止本性之恶的原故，名为性戒。”

【评析】所谓性戒的特点，是在本性恶上又增加了制罪。如果有违犯的话，就有两重罪了。五戒当中，前四戒是性戒。

△戒疏续云：“言遮者，圣未制前，造作无罪。由非正业，无妨福善。自制已后，尘染更深[①]**，妨乱修道招世讥谤，故名遮也**。”

【注释】①尘染更深：常有违犯故。

【今译】《戒疏》继续说：“所谓的遮，是指佛陀圣人未制戒之前，若有造作是没有罪过的。因为那不属于真正意义上的‘业’，不妨碍修福与行善。自从制戒之后，修行者若有违犯、染污渐深，这样就会妨碍修道，招致世间人士的讥嫌、毁谤，所以名为遮也。”

△戒疏又云：“性罪三过，一违理恶行，二违佛广制[①]**，三能妨道业。遮罪具二**[②]**，体非违理，故名为遮**。”以上皆见戒疏记卷五

【注释】①广制：广制也叫广教。佛成道以后十二年间，在教导弟子时只说：“诸恶莫作，众善奉行”等教，制定弟子修行方法，称为谓略教。十二年以后，弟子当中，非法渐多，为广说戒律，示一一持犯，谓之广教。　②遮罪具二：遮罪是违背三过当中的后两种，二违佛广制，三能妨道业。

【今译】《戒疏》又说：“性罪有三种过失，一违背法理恶行，二违背佛陀的广制，三能够妨碍修道。而遮罪只具两种，体性不违背法理，所以名为遮。”

【评析】就五八二戒来看性戒与遮戒情况：五八戒的前四戒为性戒，后一及四都属于遮戒。

性罪	杀	杀人、上罪	杀非人、中罪	杀畜生、下罪。
	盗	五钱、上罪	减五钱、中罪	一钱、下罪。
	淫	正道、上罪	非道、中罪	
	妄	大妄、上罪		小、下罪两舌恶口绮语并同。

▲业疏云:“俱舍论云:由饮酒故,即便忘失是事非事念也。离庄严者,谓非旧庄严[①]也。若常所用庄严,不生极醉乱心也。若用高胜卧处及歌舞音乐[②],随行一事,破戒不远也。若依时食[③],离先所习非时食也。忆持八戒,即起厌离随助之心。若无第八,此二不生[④]也。”

【注释】①旧庄严:世俗人士所用的璎珞花贯等庄严物品。 ②高胜卧处及歌舞音乐:高胜卧处是高广大床,眠卧者容易长慢;听闻歌舞音乐者容易动情,这些都是接近破戒不良行为。 ③时食:即过午不食。 ④此二不生:灭恶与生善之心不会生起。

【今译】业疏说“俱舍论云:由饮酒的原故,就会忘失正事非事的判断心念。所谓远离庄严,就不会穿戴华丽、斑斓的世俗人士的庄严。如果经常穿戴素雅、简洁的那种庄严,就不会使别人生起极其醉乱的心念。如果眠卧高广殊胜华丽的床铺及听闻歌舞音乐等,在这些事当中,随便行持哪一事,这样就离破戒不远了。如果依过午不食,即能远离之前非时食的习气。能够忆念行持八戒,即能生起厌离随缘助道之心。如果没有第八的过午不食戒,所谓的生善、灭恶二心也不会生起。”

第七章　重受通塞[①]

▲资持云:“重受中,意令行者,审己所受[②],更求增胜故也。”

▲事钞云:“依萨婆多宗[③],戒不重发,亦不重受,依本常定[④]。”

资持释云:“言不重发者。彼云、木叉戒者无有重得、若微品心受得五戒、后以中上品心受十戒、先得五戒更无增胜、于后五乃得增耳。不重受者。彼计一受即定。既不重发、更受不增、故不立也。”

【注释】①重受通塞:重受就是受戒之后又重新受。通就是可以重受的,塞就是不可以重受的。 ②审己所受:审察自己曾经所受的戒体情况。 ③萨婆多宗:一切有部,别名叫说因部,小乘二十部之一。佛灭后三百年初,从根本上座部别立出一部。它确立有为、无为一切诸法的实有，且一一说明其因由为宗，故称说一切有部。 ④依本常定：依照当时受戒时所得戒体之上、中、下品就恒常确定不变了。

【今译】《资持记》说："重受之中，意思是使令行者，审察自己之前所受戒体情况，再进一步需求重受而得增上殊胜戒体的原故。"《行事钞》说："依萨婆多宗，戒不重发亦无重受，依照当时得戒的高低就已经永远定型了。"

△事钞又云："成论云，有人言，波罗提木叉有重发否？答云：一日之中，受七善律仪，随得道处[①]，更得律仪，而本得不失[②]，胜者受名[③]。其七善者，谓五戒、八戒、十戒、具戒、禅戒、定戒[④]、道共戒[⑤]也。"

【注释】①得道处：于受七种律仪中任何一种时，而得见道。 ②本得不失：之前所得戒体不会失去。 ③胜者受名：以后来得到更殊胜的戒体来立名。 ④禅戒、定戒：禅戒，又叫佛心即戒，又叫佛心戒、佛性戒，即以修习坐禅来持戒。定戒又名定共戒，或名静虑生律仪，入初禅、二禅等诸禅定，则与禅定共生自然防非止恶之戒体，身口所作，尽契律仪。 ⑤道共戒：三乘圣者，入色界所发之无漏定，则与无漏智共于身中自发得防非止恶之戒体（即无漏之律仪），是名无漏律仪。又名道共戒。此无漏之律仪，与无漏道共生，与无漏道共灭，故名道共戒。

【今译】《行事钞》又说，"《成实论》说，有人说：波罗提木叉戒有重发吗？答说：如果一日之中，受了七种律仪，随于得道之处，便得到律仪之体，而之前得到的不会失去，但以后来得到殊胜戒体来立名。其七种善是：五戒、八戒、十戒、具戒、禅戒、定戒、道共戒。"

【评析】元照律师问："重发重受如何分别。"答：重发就多戒多（就是不同的戒法），重受约一戒。他在《芝元遗编》里面又说：戒者，是截止苦海的舟航，生发万善的开始；三乘圣贤之所尊敬，历代祖师之所传通。但是受戒之人心有明暗，学有精粗，而无法一致。所以就有初受与重增的情况出现。戒律说明发心有三品：一者只是期望脱苦，但求自利，这样是下品，是二乘之心。二者为物解忧，是自他兼济，名为中品，这是小菩萨之心。三者忘己利人，能够福智双运，了达本性，求得佛之觉悟，名为上品心，这是大菩萨之心。通过自我观察知道了自己初受时所发是下中品心时，佛陀开许重增而转为上品戒。这就是所谓的增戒的涵义。

第二门 戒体

第一章 能领心相

▲事钞云:"戒体者:若以通论[①],明其所发之业体[②]。今就正显[③],直陈能领之心相[④]。"

【注释】①通论:就总体、大体意义来说。 ②业体:就是戒体,能够成就业用的一种心力或心体或愿心,具有强大的防护功能作用。 ③正显:先从直接或本位意思来说。 ④心相:心的相状。也就是受戒时,从最初用心缘念善法、领纳善法到最终身份确立的一种心理过程。

【今译】《行事钞》说:"所谓的戒体,如果就总义来说,是说明其所发的业用体性——无作戒体。现在就其本位意思来显示的话,直接说明'能领纳的心的相状'就可以了。"

△事钞续云:"谓法界尘沙[①]二谛[②]等法。以己要期[③],施造方便[④]。善净心器[⑤]、必不为恶,测思明慧[⑥],冥会[⑦]前法。以此要期之心、与彼妙法相应。于彼法上有缘起之义[⑧]。领纳在心、名为戒体。"

【注释】①法界尘沙:法界是指十法界的依报与正报。尘沙是多得不计其数的意思。 ②二谛:是俗谛与真谛。一、俗谛,迷惑众生的世间社会的一些事相,是顺于凡夫俗子之法,故云俗。但这虽然属于凡夫俗子的道理,在社会世间却是决定而不可动摇的,故云谛。又这些事相,于俗为实,故云谛。譬如社会的婚丧嫁娶,男女青年就应该要进行结合生儿育女,传延后代;老人往生就应该要举行适当的丧事超度,以尽子女的孝心。这些事理在世间是不容忽视的。二、真谛,圣智所见真实之理性也,是离虚妄,故云真。其理决定而不动,故云谛。又此理性,于圣为实,故云谛。这是佛陀教导众生时所立的殊胜善巧、不可替代的两种方法:如《中论》"观四谛品"里所说:"诸佛以二谛,为众生说法,一以世俗谛,二第一义谛。若人不能知,分别于二谛,则于深佛法,不知真实义。" ③要期:要是希望。就是立誓希望用一生的时期来遵守戒法。 ④施造方便:在受戒时身体礼敬、口中表白的身口二业活动。 ⑤善净心器:在正受时屏绝种种妄念,排除杂想,使心中清净犹如容器一样来盛受善法。 ⑥测思明慧:说明心与法相应的情况。测思是专一缘念,这是成就业体的根本、得戒之因,三品心中随便发哪品心即得哪品戒。明慧是反观心境、心念清明而如理称教,而不是颠倒妄想的去缘念其他境界。 ⑦冥会:由上,起心必须遍缘尘沙境界,戒法又从境界来制定的原故,所以数量当然是广普而周遍的。心随于法生起,由于法的广普,心当然是周遍无遗。这样心法相应、涵盖相称所以说为冥会。 ⑧有缘起之义:说明法随心起。法是无情,由心缘念的原故,此法还即随心而起。故三法纳体之时:初动于境、次集于空、后入于心,法依心故名为法体(戒体)。

【今译】《行事钞》又说:"就是十法界依报、正报及真俗二谛等多如尘沙诸法。以自己誓愿约定尽于此生为期限,在正受戒时进行礼敬、表白等方便,来清净心胸器量,誓愿受戒之后必定不再犯戒作恶,以誓愿领纳之心、清明如理之相与法界尘沙善法冥寂相应;以这样要约期限之心与法界妙法相应。由于能领之心于妙法上有缘念起动的作用,然后将它领纳在自己的心识之中,这就是戒体。"〔1〕

【评析】元照律师问道:为什么不直接明示无作戒体,却来说明心相呢?答:能够领纳之心是启发戒体的重要关键,唯独道宣律师于此作一个不得已、勉强的指示,其余律典都没太明确指出。此是考察是否得戒体及评判所受戒体是否成立的最基本办法。若对此要旨稍有迷惑,其余的持戒、犯戒等就没有必要再说了。如果于正受时是无记心或缘念妄想,或者只是泛泛地缘想一些其他小小善事,这样的受戒过程,使一生就被蒙蔽了,一世遇事修学迟疑不进。佛陀悬记说:末法时代没有戒法的现象将满阎浮提。所以,道宣律师在这里就"受戒时的心相"问题作这样的重要提示,对后世受戒大众是有着相当重大的用义的。

再者,这样的心思缘念,对授受任何戒法来说是相当重要的,在受戒之前应该要有这方面的预习,这样于临受场合缘想起来比较熟悉。就受比丘大戒来说,在近十多几年之间,由于戒法的重新被认识与不断推广的原故,大部分出家师父都会懂得其中的一二原理。由于这种知识的专业性很强,

---

〔1〕 本段文字或可译为:《行事钞》又说:"就是在正受戒时,用心缘想十法界依报、正报、真俗二谛等等多如尘沙诸法,以自己誓愿要约尽于毕生期限,誓愿受戒之后必定不再犯戒作恶;并于诸师前行跪拜、言语往还等方便,来清净容纳戒法的心器,以此誓愿领纳之心、清明如理之相与法界尘沙无量善法冥寂相会。由于能领之心于妙法上有缘起的意用,以这样要约期限之心与法界妙法相应,然后将它领纳在心识之中,这就是戒体。"

对在家居士受授皈戒来说，很难做到那样的强调；同时如果没有经过一段时间理论学习，一时也无法教会。所以，今天我们能够在这里学习到弘一律师撷取有关这方面的原理，我想对以后的受戒是有很大的帮助的。

第二章　正纳戒体

▲事钞云："若至此时[①]，正须广张示导发戒正宗[②]。不得但言起上品心，则受者知何是上品？徒自枉问。今薄示相貌，临事未必诵文。"

【注释】①至此时：就是在正受戒时。　②示导发戒正宗：开示教导领纳戒体的关键与宗要。

【今译】《行事钞》说："到了正纳戒体之时，应当广泛地张显示导纳受戒体的关键与宗要。不能只说起'上品心'就可以了，如果只是这么说的话，则受戒者根本不知道怎样发上品心。这样问也是白问。所以现在就约略地来开示得戒状态与情况，如果了解了，到了临受戒时也不一定要依文读诵了。"

△事钞续云："应语言：善男子，深戒上善，广周法界，当发上心，可得上法；今受此戒，为趣泥洹果，向三解脱门[①]，成就三聚戒[②]，令正法久住等。此名上品心。"

【注释】①三解脱门：三种进入解脱境界的智门，一、空解脱门，是了达诸法本空，空亦复空，不生实有的执着之心。二、无相解脱门，了知诸法无固定不变的相状，虽见相又不执着于相。三、无愿解脱门，既然是诸法性空、诸法相空，了知诸法幻有无实，进而无所愿求。只要能够真正悟入其中的或一或二或三的解脱门，即能悟入中道思想，成就解脱。　②三聚戒：此三者积聚，故云三聚。一摄律仪戒，受持五八十具等一切之戒律，以达到自我身口习气的改正与形相的庄严。二摄善法戒，以修一切善法为戒，所谓以众善奉行之言行，来圆满自己的不善行为。三摄众生戒，又云饶益有情戒，以饶益一切众生为戒，使所有有缘、无缘的众生，在我的摄受下，都能吸收智慧之法来完成自他生命的提升。

【今译】《行事钞》继续说，"于正受戒时，戒师应该说道：善男子，戒法是甚深而无上之善，而且是广周法界，应当发起得上品戒之心，这样就能得上品之戒法；今日来受这样的戒法目的是：为进趣涅槃之果，向于三解脱之门，成就三聚净戒，最终使令正法得以久住等。这样的就名为上品心。"

△事钞续云："次为开广汝怀者，由尘沙戒法注汝身中，终不以报得身心[①]而得容受。应发心作虚空器量身[②]，方得受法界善法。故论云，若此戒法有形色者，当入汝身作天崩地裂之声。由是非色法[③]故，令汝不觉。汝当发惊悚意[④]，发上品殷重心。"

【注释】①报得身心：由宿世的业力而感报得此世五蕴身心。 ②作虚空器量身：由于善法周广普遍，劣质的报身无法容受，所以，于接受善法时，应当观想身心容量就像虚空一样，虚空无边，身量无际。 ③戒法非色法：这里所说的戒法，其实就是善法，也就是戒体。戒体到底是色法还是心法，还是非色非心法，到下面"第六出体章"再作详解。 ④发惊悚意：生起敬重、感动、专一及诚惶诚恐的心情。

【今译】《行事钞》继续说，"其次为开广你们的胸怀：由于尘沙戒法注入你们身中，始终不是以现前果报身心而能容受的了的。所以应当发心观想作虚空容量之身心，才能容受得法界善法。所以论说'如果此戒法有形色的话，当注入你们身心时肯定会作天崩地裂的声响。由于不是色法的原故，才使你们没有感觉。'你们应当发诚惶诚恐、敬重之心意，发起上品殷重之心。"

【评析】受戒是每个出家人必经的过程，由于每个法师都是第一次受戒的原故，所以对受戒当中所有事项都充满了期待与惊惧，真有点"悲欣交集"的感受。20 世纪 80 年代末，有一法师参加某地某寺的一次传戒法会。他说：当登坛时，要走过几道黑暗的胡同式走廊，绕过几道弯来到了戒坛前，抬头上看，只见光线昏黄，幢幡微动，罗帐内坐着多位授戒法师，由于光线太暗不能辨认谁谁。还没上完台阶，只听到"惊堂木"啪地一声，我们三个戒子，展具犹如铺床单一样慌乱地往外抛出，而后扑通一声跪倒在戒师前。此时早已冷汗一身，惊恐与哆嗦已充满了我们整个身心。片刻，只感觉到台上戒师在念诵一段听不懂的文句，在最后"啪"地一声响声下，我们不由自主地拜倒在地，只听到有人说："好了，可以退下"时，我们快速地"拉"起坐具并不完整地行三个礼拜，便慌不择路地往下"挤"去，夺门而出。

这样的受戒过程，虽然不是正规传戒应有的仪式，但也足以说明本段所描述的"天崩地裂之声，惊悚之意"的那种惊慌场面与内心紧张感受。

△事钞续云："今为汝作法，此是如来所制，发得尘沙法界善法，注汝身心，汝须知之。"

【今译】《行事钞》继续说："现在为你们作传戒法事，此戒法是如来所制定，能够发得尘沙法界之善法，以注入你们身心，你们必须知道这些情况。"

【评析】《资持记》当中提到，于正受戒时，必须作如下观想："当念第一遍皈依文时，应观想：法界善法由心业力原故，翻恶为善，于大地汹涌鼓动；当念第二遍皈依文时，应观想：法界善法不断地举起，犹如云彩宝盖而聚集头顶上空，成五彩缤纷之颜色。当念第三遍皈依文时，应观想：头顶上空的五彩缤纷之善法，成漏斗状从头顶注入身心，充满整个身心及毛孔。"这样就完成了领纳戒体的整个过程。由心业力不思议的原故，于修行中随所施为都能成就，不会违犯戒法。

《济缘》说"吸揽无边的圣法，蕴育有待的凡躯。五分法身基础成就、法性三身之体具足。这样一定能够超凡鄙之秽流，入众圣之宝位。"

▲事钞云："作法者，我某甲，皈依佛皈依法皈依僧，尽形寿为五戒优婆塞，如来至真等正觉是我世尊，三说。我某甲，皈依佛竟皈依法竟皈依僧竟，尽形寿为五戒优婆塞，如来至真等正觉是我世尊，三结。"

【今译】《行事钞》说，"作法是这样的：我某甲（说自己法名），皈依佛、皈依法、皈依僧，尽形寿为五戒优婆塞，如来至真等正觉是我世尊，三说。我某甲，皈依佛竟、皈依法竟、皈依僧竟，尽形寿为五戒优婆塞，如来至真等正觉是我世尊，三结。"

【评析】得戒体的处所：前面的三归誓愿，正是发戒之缘，到了三法一结束时，就是纳受戒体的时刻。戒师到这时，应当告诉戒子说："刚才所念的就是正得戒体的地方，下面的三结，是嘱累叮咛，不是纳体的地方。"

关于得戒体的处所，有多种说法：有的说，是在宣戒相时才得戒体。有的说三皈结束，说不杀戒时得戒体。有的说，说五戒相结束得戒体。《多论》当中说：在这几种说法中，受三皈依得戒是定义。

第三章　自誓师受[1]

▲羯磨注云："论中，令五众授之[2]。成实云，若无人时[3]，但心念口言，乃至我持八戒，亦得成受。"

【注释】①自誓与师受：就是说居士受五戒、八戒或菩萨戒，是从法师边受？或者在什么情况下可以对着佛像进行自誓而受？　②多论，令五众受之：多论定从他受，因为五众皆是弘法之人。彼云，“夫受斋法必从他受，于何人边受，五从边受。” ③成实，无人时开自誓：成实与智度二论，都开许自誓受戒，依文是约无师来说，就义理应兼有因缘阻碍之类才开许的。

【今译】《羯磨注》说：“《多论》当中说到，居士受五八戒时，必须是出家五众授戒师，《成实论》说，如果没有出家五众法师时，可以心念口言，乃至说‘我持八戒’，这样也能成就受戒。”

【评析】《羯磨注》说：“《多论》中，使令出家五众为授之。《成实论》说，如果没有法师的情况下，只要心念口言，乃至说我持八戒，也是成就受戒的。”

根据《梵网经心地戒品》第十卷上说：“若千里内无能授戒师，得佛菩萨形像前受戒。”由此可以看出，必须周边方圆千里内没有法师情况下才能自誓，否则是不行的。为什么佛陀要这样规定呢？一、因为戒法是神圣无上的，是佛教的纲纪，不能乱套。二、出家法师是戒律乃至佛法的正统传承者，而且长期致力于戒律的研习与实践，能够保证制度的准确性。三、僧人是住持三宝的唯一代表者，由统一口径来传授，避免纷乱邪见观点出现。

第四章　戒体多少

▲事钞云：“问：别脱之戒[①]可有几种？答，论体约境，实乃无量。戒本防恶，恶缘多故，发戒亦多。故善生云：众生无量，戒亦无量等。今以义推，要唯二种，作及无作。二戒通收，无境不尽[②]。”

【注释】①别脱之戒：就是比丘戒，其解脱是一条一条地完成，所以叫作别别解脱。 ②二戒通收，无境不尽：由于作戒与无作戒，能够提前防范，如果遇到不良环境，都能总向整体的(非单一)发起防护，这是由于在心体中所含摄的原故。这里之所以不谈法体而说境界，主要是想说明遍布于境界的法，都是归摄于二戒的原故。

【今译】《行事钞》说：“问，别解脱戒有几种？答：论究他的体性是根据境界来定的，这样其实就有无量无数的。戒法的根本作用是防非止恶的，由于恶缘多的原故，那所发的戒体也就很多。所以，《善生经》说：众生无量，戒也是无量的。现今以义来推断，重要的唯有两种：作戒与无作戒。这两种戒就能通收境界皆尽、防护恶缘皆尽。”

第五章 二体义名

▲事钞云:"问曰,既知二戒,请解其名。"

△事钞续云:"答云:所言作[①]者,如陶家轮[②]动转之时,名之为作。故杂心云:作者,身动身方便。"

【注释】①作:即依靠许多条件因素的方便,进行造作或构造。 ②如陶家轮:陶家就是用泥土作陶罐的陶艺家。轮就是范土为坏器之车,运动他就会转动起来。这是一种比喻:我们人体的四大身体名报色,从许多因缘而起动作的名为方便。报体起方便,行为方便依靠报体,这样二法相互假借是不一不异关系。现在以轮木比喻报体,轮动比喻方便,这种转动就是"作"的意思。

【今译】《行事钞》说:"问,既然知道两种戒体,请解释它的名义。答,所说的'作'戒,犹如陶器师父,在转动陶轮时名为作。所以《杂心论》说:所谓的作,就是身体活动起来以及利用言语、跪拜等的身动方便。"

△事钞续云:"言无作者,一发续现[①],始末恒有[②],四心三性[③],不藉缘办。故杂心云:身动灭已,与余识俱[④],是法随生,故名无作。"

【注释】①一发续现:一发是最初的开始。续现是说作戒(心念口言、跪拜起落的动作)既然已经停止了,只剩下相继不绝的无作(内心的意念)在内心单独保存下来。这句话是说明戒体最初成就的过程:也即是三法完毕的第一刹那与作戒一起圆满,这就是真正戒体的生起。 ②始末恒有:"始"即上句所说的一发这时,末即是终,是说命终时这种无作戒体就自动地舍掉了。这句话是说明业体的时间长久。 ③四心三性:四心是五蕴的后四蕴:受想行识。三性是指善、恶、无记的三种心理状态。在这四心当中受想识是属于无记心,只有行心通于善恶无记三心,这句话是说明非心的。 ④余识俱:余识是指受想行识的四心,俱是同时意思。

【今译】《行事钞》继续说:"所说的无作戒体,就是从三法完毕后的一刹那就生起,之后就恒常继续显现。即是从最初的生起到生命最后结束之前,这种'无作'的功能始终存在。这种功能在受、想、行、识的四心(蕴)及此四心处于善、恶、无记的三性当中时,都不需借助任何外缘,它都能自动地生起防护作用,增长功德。所以《杂心论》说:于受戒时,当身体跪拜动作结束之后，这种无作戒体就与受、想、行、识四心同时存在不离了，由于无作戒体是自动任运生起的原故，所以名为无作。”

所谓的作及无作，如下表显示（无作，即表中所说的形俱无作）：

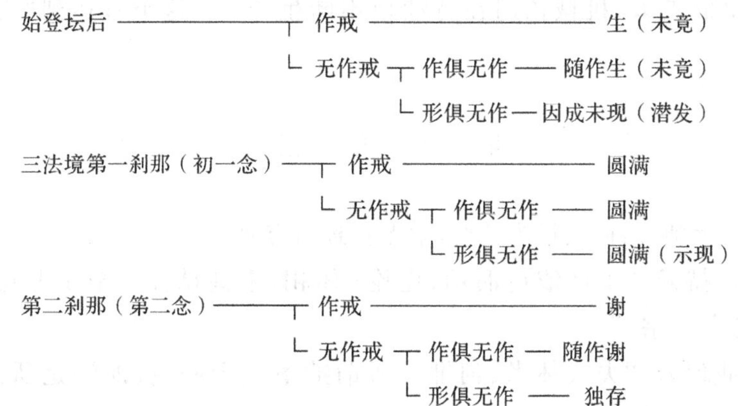

【评析】以上两段谈到作与无作戒体的体性功能，文字虽然不多，但内涵确实不好理解却又非常重要：一、作与无作的关系：首先要理解，所谓的无作，必须在作的情况下才发生，他们是递进关系，没有前者就没有后者；没有作，不可能有无作的产生。这里我们要纠正一些“心里想皈依而不屑参加仪式”的“好心”人士——“我心里好，不用皈依。”通过作与无作内容的学习，我们就会清楚地明白，没有通过皈依仪式“作”的前方便，就不能启动内心的真实景仰与永远成为一个皈依弟子的不悔记忆。没有这种皈依仪式“作”的过程与记忆，即使你自命为心很好：或许生活很正常，但也无法保证不会有黑白颠倒的时候。再者，没有皈依仪式的“作”，更说不上成就善事，积累功德，因为他没有一个基本的道德依准。只有皈依之人，学习了佛教原理，才会知道什么是善什么是恶。二、无作的性质：无作，是不需要再作而能自动运作的意思，就像发动机一样，只要发动了，之后就不需要再去发它了。三、无作戒的时限：于受戒时，将这种能够生起自动防护的功能纳入心胸之后，乃至到往生之际，它都会跟随我们，时时提醒我们。四、戒功德增长的原理：在我们处于受想等任何一种心法，或者善恶无记的心相当中时，这种功能依然能够起到防护作用，而不断增长功德。所以说，于四心三性当中，都不需要借助外在任何因缘，就能成就持戒功德。

为了更容易理解“作与无作戒”的意义，这里再举个社会上的例子来说明。有一位要创业的年轻人，他选定了投资项目，确定了筹备思路，即开始寻求相关单位领导、说明意图、反复论证；租用土地、请用工人、开工建设；装置设备、选购材料、开始生产——这些阶段就像受戒之前“作”的内涵。接下来，不管那个青年老板是坐在办公室里陪客人喝茶还是到国内外各地考查，他工厂里的工人、机械依旧在持续地不断生产——这个就达到“无作”的阶段。

第六章　依论出体

弘一大师说：此项最为精要，学者宜致力穷研。

▲资持云：“上且依论而示，克论[①]体相，未甚精详。至于业疏，方陈正义，乃有三宗。”

▲业疏云：“夫戒体者，何耶？所谓纳圣法于心胸，即法是所纳之戒体[②]。然后依体起用[③]，防遏缘非。今论此法，三宗分别。”

【注释】①克论：克实或细致的论述。　②法是所纳之戒体：纳是能受之心，圣法是所受戒。即心为能受，法是所受；受已之后，心为所依，法为能依。③依体起用：依戒体而起防护或随体而行。

【今译】《资持记》说：“上面诸段内容，暂且依据《多论》或《杂心论》来显示戒体，至于细致的论述体相，其实还没有那么精详。到了《业疏》里面所说的，才陈述它的真正涵义，乃有三宗的差别。”

《业疏》说：“所谓的戒体，是什么东西呢？就是纳圣法入于心胸，即法就是所纳的戒体（通过领受，圣法就变成了戒体）。然后依体而起应用，防止遏制过非之因缘。今天来论述此法，通过三宗来分别说明。”

第一节　实法宗[①]

▲业疏云：“如萨婆多，二戒同色者[②]。”

△业疏续云：“彼宗明法，各有系用[③]，戒体所起，依身口成，随具办业，通判为色[④]。业即戒体，能持能损[⑤]。既是善法，分成记用[⑥]，感生集业，其行在随。论斯戒体，愿讫形俱[⑦]，相从[⑧]说为，善性记业，以能起随，生后行故。”

【注释】①实法宗：为制教三宗之一，三宗即实法宗、假名宗、圆教宗，略称为有、空、圆三宗。其中，实法宗指萨婆多有部宗，此宗立一切诸法实有，故有此称。　②二戒同色：二戒是作戒与无作戒。萨婆多部认为戒体乃依四大而生之无见、无对之实色，摄于色蕴之中，称无表业或无表色。如《俱舍论》卷十三所载"毗婆沙师说有实物，名无表色，是我所宗。"包括《杂心》、《毗昙》都是这种意见。 ③各有系用：即三界系。三界之内的有漏法，能将我们系属于三界而不得出离。但这里应该是指诸法之间的关系与作用。 ④通判为色：能造的四大是色法，所起的无作戒体还是色法。既然作戒体与无作戒体二法同样是色，所以说通判为色。 ⑤能持能损：由于无作体，持则肥充，犯则羸损，有增损之义，这符合色法定义，所以说是色法。 ⑥记用：有记别属性。 ⑦愿讫形俱：愿讫是作戒谢落，形俱是无作戒体陪伴终身。 ⑧相从：是相顺而来的意思。由于作戒及无作戒都是善色，之后的随行也都是善行，所以得名善记。后面结果由前面原因相顺而来，所以说相从。

【今译】《业疏》说："如《萨婆多部》所说，作戒与无作戒同样都是色法。"又继续说："彼《萨婆多部》阐述诸法，说明各自都存在着关系与作用，戒体的生起，是依身口所成，能造的身口是色法，身口所办的业果也是色法，因此可说作与无作二法都是色法。业即是戒体，它能持守无缺也能违犯损坏。既然是善法，就说明它是有记别属性的，至于要感生具有力量的集业，那就在于之后的随行持戒了。讨论到戒体的成就，是在受戒时的愿心表达完毕以至作戒谢落，一直到形俱无作戒体的完成；这样相顺前面而到后面来，就可以这么说：由于戒体是善性记业，而能起随行守护，之后即能生后行而感招来报（是则由作生无作，无作起随行，随行能生集业，集行招来报）。"

△业疏续云："如律[①]明业，天眼所见，善色恶色，善趣恶趣，随所造行，如实知之。以斯文证，正明业体，是色法也。"

【注释】①《四分律受戒犍度》中说："如来成道，得了宿命、天眼、漏尽三明。在天眼明中说：菩萨具备三昧定意清净，烦恼结使已没有了，用清净的天眼观见众生的生生死死（果报）善色、恶色（业相），善趣、恶趣（因中果相）……随众生所有的行为，都能知道。"

【译注】《业疏》继续说："如《四分律受戒犍度》说明业（戒体）的问题，是天眼所见的，善色恶色，善趣恶趣，随所造行，都能如实的了知。以这样的文章来证明，正是说明业体是色法。"

【评析】关于戒体是"色法"，还要作个说明：以天眼所见的色，才是佛说戒体是色的本意；此色体与中阴身相同，是微细难知的，唯有天眼才能见了，相貌善恶历然。不是以"意识所缘的法尘、有所障碍"的色法来通于这种色性。由于著述及弘扬诸师不了解的原故，对戒体“色”出现了妄判与争论分别。由此就能知道，佛所说的戒体之色，是以天眼所见色；而不是以意识所缘、有障碍的色法。

第二节　假名宗[①]

▲业疏云：“二依成实当宗[②]，分作与无作，位体别者[③]。”

【注释】①假名宗：为制教三宗之一，三宗即实法宗、假名宗、圆教宗，略称为有、空、圆三宗。其中，假名宗主张诸法仅有假名而无实体。小乘经部、成实宗即是。　②当宗：就四分律来说，前面实法宗不是正学之宗，假名宗是正学之宗。　③位体别：假名宗所说的作戒与无作戒体是有差别的，而实法宗所说的两种戒体都是相同的色法。

【今译】《业疏》说：“其次，依成实当宗，分为作与无作两种戒体，它们之间位体是有差别的。”

△业疏续云：“由此宗中，分通大乘[①]，业由心起，故胜前计。分心成色[②]，色是依报，心是正因，故明作戒，色心为体。是则兼缘显正[③]，相从明体。由作初起，必假色心。无作后发，异于前缘[④]，故强目之[⑤]，非色心耳。”

【注释】①分通大乘：分通是一分或者部分通于大乘，或者说四分律当中一些内容，能与大乘利他思想相交接。这是道宣律师提出了大小二乘理无分隔，让我们不要执着于大小乘的对立，他引《羯磨疏》中所说来证明“四分一律，分通大乘”：

“何况四分，通明佛乘。故沓婆厌无学，知非牢固也；施生成佛道，知余非向也；相召为佛子，知无异乘也；舍财用非重，知心虚通也；尘境非根晓，知识了义也。略引成证，全乖小道，何得不思，致亏发足。”

此中“五义”，第一义是“沓婆厌无学，知非牢固也”。这是《四分律藏》卷三的二篇“无根谤”戒中说：“时尊者沓婆摩罗子得阿罗汉，在静处思维，心自念言：此身不牢固，我今当以何方便求牢固法耶？”这里的沓婆尊者在得到阿罗汉果位之后，仍然认为此阿罗汉果位不牢固，欲回小向大更求大乘菩萨道。

第二义是“施生成佛道，知余非向也”，在《四分律比丘戒本》最后的回向偈中有“施一切众生，皆共成佛道”的语句，此句可以理解为将此诵戒的功德回向于一切众生，愿一切众生皆成佛道，由于“一切众生皆可成佛”是典型的大乘思想。

第三义，“相召为佛子，知无异乘也”，是因为在《四分律序》中有“如是诸佛子”、“佛子也如是”的语句，道宣律师认为，此处的“佛子”是指大乘菩萨而言。

第四义，“舍财用非重，知心虚通也”，是说《四分律》中规定了比丘对超出己用的衣物，要舍于僧众之中，然后再由僧众还给本人，方可使用。如果得到这个衣物的人，却将此衣据为己有，不归还了，那么此人仅得突吉罗小罪。道宣律师认为，这是因为这种“舍心”即是利他之心，也即是大乘的菩萨精神。

第五义，“尘境非根晓，知识了义也”，是在《四分律》单提法的“小妄语”戒中说道，“见者，眼识能见；闻者，耳识能闻，触者，三识能触，鼻识、舌识、身识；知者，意识能知”，在原始佛教和部派佛教时期，只讲到眼根、耳根等五根能见能闻，而《四分律》中讲到眼识耳识等诸识能见能知，识即是心的别名。由以上五义来证明，这里的教义是与大乘佛教相通或相同的。这也就说明道宣律祖将《四分律》分通大乘思想的意义所在了。

②分心成色：心能成办色法。若论成就作法，则内外色报都由心造作；若约成就业体，则身口动作都是由心而成办。　③兼缘显正：兼缘即依报之色法，显正即正因之心，由于此二法不相舍离，相互随顺所以名为相从。④异于前缘：于前面作戒不同。反作名为无作，由于不由色心所造作，所以不同作戒的那些因缘。　⑤强目之：法体虽有而不是色心，无法用任何名称及相状来描述它，所以暂且勉强用“非色非心”的两个“非”字来立名。

【今译】《业疏》继续说：“由于此宗，它是‘分通’大乘，业体是由心的作用而生起，所以比前面实法宗所说的体性都是色法要来得殊胜与进步。由于在心的作用下而成就了色法，色法是依报，心是正因，所以说作戒以色心为体；这是从依报色法与主因心法之间相互不离来说明体性的。由于作戒起初的生起，必须借助色心；而无作戒是后面发起，其因缘与作戒有所不同，所以只好勉强命名为‘非色非心’了。”

△业疏续云：“考其业体，本由心生①。还熏本心②，有能有用③。心道冥昧④，止可名通⑤，故约色心，穷出体性⑥。各以五义求之⑦不得，不知何目，强号非二⑧。”

【注释】①由心生：说由心面生的，即是第六识意思所造。 ②还熏本心：六识还复熏习六识，所以说还熏。能发生戒体之心的，所以说本心。③有能有用：若说开始生起，则心是能生，体是所生。若约熏习，则体为能熏，心为所熏。心与业体互为能所，有能有用，能是发起后行之功能，用即防止缘非之作用。 ④心道冥昧：道，心的思维总是有它的程序或思路。由于心没有形状相貌可捉摸，所以名为冥昧。 ⑤止可名通：由于心没有痕迹、没有相貌，只有名字，所以说只可勉强地用名称来通晓它。本来唯由心识而造作，之后由于心识冥寂而色相显现，所以就兼用色心二字来立名。 ⑥穷出体性：穷出，是推究到了极点。为了确立无作戒体的名称，推究到了极点穷尽之处。其实这就是显示戒体之处，恐怕紊乱了宗旨，不想直接指破，这样的隐含意义，需要后学者去深入地思考。 ⑦色心五义：色法有五义：一色有形相方所，二色有十四二十种，三色可恼坏，四色是质碍，五色为五识心所得(摄取)。而无作都没有这样的义意：一非形方，二无差，三不可恼坏，四非碍，五非对，所以不名为色。心有五义：一心能思虑了知，二心有明暗(愚智迷悟)，三心通三性，四心有广略(谓意根为略，四心六识乃至心数则为广)，五心是报法。而无作是：一非虑知；二谓顽善，无有愚智迷悟之；三唯是善，非恶无记；四唯一定，故无广略；五是三业造起，故非报法。 ⑧强号非二：如前色心各有五义，无作并无，所以号非二。此明四分律教虽含大乘思想，但不可直接来明示，只能用权巧的方法意义来彰显它的异名，所以说强目。

【今译】《业疏》继续说："考察戒体，它是由心而生的；戒体又还复熏习本心，有能生的功能及能防的作用。心道冥寂隐昧，所以只能通过名称来通晓它，所以约色心，推究到极点而权巧提出了能代表体性的一个名称——非色非心。各自以五义来比对，无作都没有这样的意义，无法恰如其分地给它立个名目，最后只能权巧地号为非二。"

△业疏续云："问[①]：如正义论，熏本识藏，此是种子[②]能为后习，何得说为形终戒谢[③]？答：种由思生，要期是愿[④]。愿约尽形，形终戒谢。行[⑤]随愿起，功用超前[⑥]，功由心生，随心无绝。故偏就行，能起后习。不约虚愿[⑦]，来招乐果。"

【注释】①提问的用意：这个问题的来由是，由于后面圆教宗，确定此二非以意识为种子，意识既能常存，那种子则不会消灭，这样就违背假名宗当中所说“命终就失去戒体”的义意了。所以就探取后文来问难，以彰显前后文义没有违背。　②识藏。此是种子：识藏，指如来藏，真如之如来藏与无明和合而为阿赖耶识，能变现一切万法，故称如来藏为识藏。此是种子，此指上面所提到的二非，种子是指戒体，由于戒体的防护心念落入心里之后，它能不断地熏习心念，所以说是种子。　③形终戒谢：就是生命终结时，戒体就谢落了。当然所谓的戒体的谢落，就义理来说还通于四种舍戒：作法舍，二形生舍（兼有男女两性生殖器），命终舍，断善根舍。　④思：即缘境之心，愿是克定期限的誓愿。　⑤行即思心，决定行持戒法的一种意志。　⑥功用超前：就受戒与持戒次第来说，誓愿在前，起行在后。超前是就能感的功德果报来说，由于要感得功德果报，必须在受戒之后的起行来完成，如果没有行持只有受戒，也决不可能会感得殊胜的功德果报，由于这样才说超前。　⑦虚愿：就是受戒时所发的持戒、行善、断恶、度生的誓愿，但这种愿还没有用行为来实践、饱满它，为此说它是虚的。

【今译】《业疏》继续说，“问：就本来的义意来论，所纳之戒体又还熏识藏，这是（戒体）种子能为以后作不断的熏习，怎么说为寿命终了而戒体也随着谢落呢？答：（戒体）种子是由心而生的，要约期限是誓愿。而誓愿是就尽此生命来说，形命终结戒体也就谢落了。行心是随着誓愿而生起，而就能感得功德果报的作用来说，一定是超过前面的誓愿的；由于戒体的功用是由心而起，随于心的不会消失而那戒体种子也不会绝灭。所以偏就行心能起后习气而言，不从虚愿能感将来乐果来说。”

【评析】这段文字有几个关键的内容要理解一下。心、誓愿、戒体、识藏、种子、思。

在心的要约下，于坛场中誓愿持戒等，而得戒体；得到了戒体，在内心中生起不变的修持决心，这就是思；这种誓愿戒体在内心中被留下来深深地藏在第八阿赖耶识当中，就成为了一种能够熏习与生起现行的种子。

这段文字所要表达的主要是：誓愿是随着生命的消失而消失，或者说戒体也消失。但，由于能够防护的戒体种子不断地熏习心识，使心识也就有了防护的功能，誓愿与戒体于今生虽然消失了，而功能种子与心识已经融为一体了。随着心的长时存在，功能种子也不会消失。这就破除了“随着生命的结束，戒体也就消失了”的说法。

第三节　圆教宗[1]

▲业疏云：“后约圆教，明戒体者。”

【注释】①圆教宗：又作圆宗，指说一切诸法实唯有识的唯识圆教等，此宗以戒体为心法的种子，如《法华》、《涅槃》等经所说。

《济缘记》说：前面二宗都是小教，此宗是大乘；这样以大乘来统决小教，自然地也就不必非得要受大乘戒了，这是圆顿义。前二宗计执有所偏向，空有不均；而今宗领悟教法之权巧，名称虽不同而体性一致的，色与非色莫不皆然，这是圆融义。前二宗即是佛陀一期之权巧化物，今此宗克实究竟显示，是圆满义。具备这样诸多意义，所以名为圆。

【今译】《业疏》说："后面就圆教来阐明戒体。"

【评析】《济缘》释说，问：依何教义，立此圆教呢？答：下面引《法华》、《涅槃》二经为证，《法华》授记声闻弟子而能作佛，《涅槃》重申戒律之重要。离开了这两部经，其余经典都没有这样的意义。佛讲《华严》时五百弟子离席，在《方等般若》经典中弹诃小乘过失。是以《梵网》斥二乘为邪见，学则有违，小乘戒不学成犯。二部之间的差异，由此就看得非常明显。

△业疏续云："戒是警意之缘[①]也。以凡夫无始随妄兴业[②]，动与妄会[③]，无思返本[④]。是以大圣树戒警心，不得堕妄，还沦生死。"

【注释】①警意之缘：这是说明一切戒法都是我的心业，世尊如众生之业制定戒法而警醒开悟我们；如果销融了心业，哪有什么戒法可得呀。 ②随妄兴业：心被境转说为随妄，心境相合说为兴业。 ③妄会：熏习妄业久了，随一动作都容易与妄想相合。 ④返本：返回清净自心。

【今译】《业疏》继续说："戒是警诫心意的一种因缘。由于凡夫无始以来随于妄想兴造业因，随一动作都与妄想相合，没有思考要如何返原清净自心。所以大圣佛陀树立戒法以警诫凡夫自心，不可堕落于妄业，还沦落于生死轮回。"

△业疏续云："愚人[①]谓异，就之起著。或依色心及非色心。智[②]知境缘[③]，本是心作。不妄缘境但唯一识[④]，随缘转变有彼有此[⑤]。"

【注释】①愚人：即钝根之人，故《涅槃》说："我于经中或说为色，诸比丘便说为色；或说非色，诸比丘便云非色，皆由不解我意。"这是不知佛方便说的原故。 ②智：即利根之人。 ③境缘：境即是情与非情二谛等境界，缘即随境所制的尘沙诸法，二者皆是心，作则一切唯心。 ④识：即是心体。 ⑤有彼此：不守自性，随染净缘造黑白业，成善恶报，故有生佛依正十界差别，所以就有彼此了。

【今译】《业疏》继续说："钝根之人以为色、心是不同的，由此就生起了执著；或依色心起执着，或依非色心而起执着。而利根智者，了知境界因缘本是由心而造作，除心之外没有境界可得。这样就不虚妄地缘念境界，通达唯有心识的道理；反之，心体随缘而转，造业结果。因此才有了十法界的彼此差别。"

【评析】《济缘记》说：由于无始以来，不能了知自心的原故，遍法界之境造作虚妄之业而出没生死。所以如来就法界境制定无边戒法。戒法没有另外的体性，如果说有，虚妄业即是它的体性。譬如离开了淫、盗等戒，难道另外还有其他戒法吗？放纵妄想就成就了妄业，禁止妄业即名为戒。所以《行事钞》说：没有受戒之前恶业遍满法界，现在要进受戒法，就是要翻转前面恶业境界并生起善心，所以发戒之因还必须遍满观想法界。又《善生经》中说："众生无边、大地无边、草木无量、海水无边、虚空无际、戒亦同等。"它所说的也是这个意思。

△业疏续云："欲了妄情[1]，须知妄业。故作法受[2]，还熏妄心[3]。于本藏识，成善种子[4]，此戒体也。"

【注释】①了妄情：了即是尽，妄情二字通含见惑（乃意根对法尘所起之诸邪见，即迷于推度三世道理之烦恼）、思惑（乃眼耳鼻舌身五根，贪爱色声香味触五尘，而起之想著，即迷于现在事理之烦恼）、无明等惑（于一切法无所明了，故称无明，即迷于中道第一义谛之烦恼）。 ②作法：所说的作法，通收于受戒时开始、圆满、方便、正受。 ③熏妄心：借助眼前殊胜的境界发动高胜的诚心，此心反妄即是真心，以真心熏妄心，令妄心不起；犹如烧香熏诸秽气。由熏成就业力，业圆成种；种有力用，不必借用其他施造而能任运恒熏，这样妄种冥伏，妄念不起；这是无作的熏习，犹如香尽余气常存。 ④种子：种子是比喻，如世间谷果都有种子，略说有十义：一从众缘生，二体性各异，三生性常存，四任运滋长，五含畜根条华叶等物，六虽复含畜相不可得，七遇时开绽，八子果不差，九展转相续，十出生倍多。无作体具足这些意思。

【今译】《业疏》继续说："想要尽诸妄情，就要明白妄业是这么来的。所以作法受戒之后还熏妄心。于藏识中成为善种子，这就是戒体。"

【评析】由于无始的惯习，积恶之时间也太深，虽然能够了达唯心所造，但还是很难调停自心。如果没有戒法，想静灭妄业是没有可能的。所以说：佛所制戒犹如猿猴系著铁锁，犹如狂马辔着勒鞍，犹如捉贼般小心翼翼。如果能够这样，就会截生死流，发定慧力，这是菩提之基本，涅槃之初门。所以三乘圣人都是遵循这样道迹而进修的。如果舍弃了这样戒法而进行所谓的修道，那是枉费时间功劳，所谓“却步求前，终无所至矣”。

△业疏续云：“由有本种[①]熏心，故力有常[②]，能牵后习[③]。起功用故，于诸过境，能忆、能持、能防[④]，随心动用，还熏本识[⑤]。如是展转，能静妄源[⑥]。若不勤察，微纵妄心，还熏本妄，更增深重。”

【注释】①本种：是指戒体。　②有常：有常是运运不息、生生常住的意思。　③后习：其有两种差别，一者习气之因能彻至于未来。二者气习果报即之后的三佛（法身、报身、化身）。但现在所说的起后是就因地来说。　④能忆、持、防：能忆是说于六时中都不忘怀，能持是说执守不失，能防是说尘缘不侵。由忆故持，由持故防，一心三用，无前无后，随心动用。但不管或忆或持或防，都包含从始至终的整个过程。　⑤熏本识：这是在随行持戒过程中的熏习，它通于作戒及无作戒。问，熏有几种？答，初受作戒熏，作熏成无作；次则无作熏、无作熏起随行；三则随行中作无作熏，最终还是资厚本体的功能为目的。如果就通途来说“所熏”，其实还是熏于心识的。　⑥静妄源：静是灭意思。此语义通于因果，从究竟来说是永尽烦恼、圆证三身，所以才说静。

【今译】《业疏》继续说：“由有本种戒体不断地熏心，所以它的功力将运运不息、生生常住，这样就能够牵改往后习气。由于能起功用的原故，于许多过患境界，能忆、能持、能防，随心动用，还熏原本之心识。这样展转，就能静灭妄业之根源。如果不勤求观察，稍微放纵妄心，又返回去熏习本来的妄心，妄心更增深重了。”

△业疏续云：“是故行人，常思此行，即摄律仪[①]。用为法佛清净心[②]也。以妄覆真，不令明净。故须修显[③]，名法身佛。”

【注释】①此行即摄律仪：即之一字是点小为大，乃是圆教宗融会之意。《智论》以八十诵即尸罗波罗蜜，《胜鬘》谓毗尼即大乘学，必须深刻体会这样的意思。禁恶、止业、破惑、彻至究竟。　②清净心即是法身之体。　③须修显：禀戒破障即能显之因，法身即所显之果。

【今译】《业疏》断续说："所以行持之人，经常思维此戒行即等同大乘的摄律仪戒。以作为法身佛的清净心体。由于妄想覆盖真心，使真心不能明净，所以必须通过修行来显发，这样就名为法身佛。"

【评析】由于众生识体皆能清净，离诸尘染，由妄想故翻成烦恼。又复皆能自在，具足方便智慧威神德用，由妄想故翻成结业。又复皆能平等，无有彼此爱憎差别，由妄想故翻成生死。今欲修证，所以立下三种誓言：一断恶誓，受摄律仪戒，修离染行，趣无作解脱门，获得清净，证法身佛，名为断德。二立修善誓，受摄法戒，修方便行，趣空解脱门，获得自在，证报身佛，名为智德。三立度众生誓，受摄众生戒，修慈慧行，趣无相解脱门，获得平等，证应身佛，名为恩德。然尔此三誓、三戒、三行、三脱、三佛、三德，随举一誓，三誓具足。言有前后，理无各别。以这样的心来受戒即发圆体，用这样心来持戒即成圆行。《华严》云，戒为无上菩提本。《净名》云，能如此者是名奉律。《涅槃》云，欲见佛性证大涅槃，当须持戒等。也都是这样的意思。

△业疏续云："以妄覆真，妄缘憎爱，故有彼我，生死轮转。今返妄源，知生心起，不妄违恼，将护前生，是则名为，摄众生戒。生通无量，心护亦尔，能熏藏本，为化身佛[①]。随彼心起，无往不应，犹如水月[②]，任机大小。"

【注释】①化身佛：佛有法身、报身与化身的三身，化身也叫应身。为了方便地度化众生，佛菩萨应化变现出各类众生的形象，而进行度化。②如水月：水比喻众生的机感，月比喻佛菩萨的垂应，月不入于水，水不溷于月，随器具的大小都能波澄影现。这些都是由于众生慈善根力的原由而有不可思议的感应。

【今译】《业疏》继续说："由于妄想覆盖真心，而胡乱的攀缘憎恨或贪爱，才会有分别你我的执着，不断地生死轮转。现在从妄返真，知道众生都是由我心生起，不随于妄心违恼他们而爱护他们，这样就名为摄众生戒。众生是无量的，我的爱护之心量也要无量，这样就能熏习心识，为化身佛。随于众生的心念生起，都能无所不应，就像水月之间的影像感应一样，任由根机大小都能得到感应。"

▲业疏云："令识前缘[①]，终归大乘。故须域心于处[②]矣。故经云[③]，十方佛土唯有一乘，除佛方便假名字说。既知此意，当护如命如浮囊[④]也。故文云，我为弟子结戒已，宁死不犯。又如涅槃中罗刹之喻[⑤]。"

【注释】①识前缘：所谓的前缘，是指尘沙万境与无边的戒法。②域心于处：(1)由于无始以来的颠倒，被外物迷惑，所以才受轮转。现在知道一切唯识所造，无有外尘。所以于正受戒时，就要普遍缘念法界，勇猛发起三誓，翻覆昔时的三障，由心业力的原故结成种子，成为戒体。应知能缘所缘、能发所发、能熏所熏、无非心性。心无边故体亦无边，心无尽故戒亦无尽。当知即是发菩提心，修大慈行，求无上果。这就是修行的实道，即是大乘。三世如来，十方诸佛，示生唱灭，顿开渐诱，百千方便，无量法门，种种施为，莫不由此。故曰：虽说种种道，其实为佛乘。这是行人究竟域心之处。(2)然而浊世障深，惯习难断，初心怯懦，容退菩提，故须期生弥陀净土。况复圆宗三聚净戒，即是上品三心：律仪断恶即至诚心，摄善修智即是深心，摄生利物即回向发愿心。既具三心，必登上品，得无生忍，不待多生成佛菩提了无退屈。此又是行人出离娑婆的域心之处。③故经云：即《法华经》之文，经云：我此九部法，随顺众生说，入大乘为本。又云：声闻若菩萨，闻我所说法，乃至于一偈，皆成佛无疑。十方佛土中，唯有一乘法，无二亦无三，除佛方便说。但以假名字，引导于众生，说佛智慧故。④当护如命如浮囊：应当护戒如生命如渡海的浮囊。⑤罗刹之喻：涅槃当中，有一个罗刹向渡海的菩萨乞求给浮囊乃至尘许，但菩萨不给，如果给了就会漏水而沉没，比喻比丘僧守持小罪都要认真不敢违犯，否则就有沉沦苦海的危险。

【今译】《业疏》说："使令认识受戒时所要缘念的是法界二谛等缘法，由此可以知道，这样的受戒思想最终还是与大乘相统一。所以要将身心安住于这样的处所。所以《法华经》说：在十方佛土当中，唯有究竟的一乘教法，如果还有其他佛法，那也是佛的方便引导之说，是假名无实性之说。既然知道这样的意义，对于戒律就应当爱护如渡海的浮囊，不能有半点的破损。所以《四分律》说：我为弟子结戒之后应当守护，宁死也不敢毁犯。又如《涅槃经》当中'罗刹乞微尘浮囊也不给予'的比喻。"

第三门　戒行

第一章　正明随行

▲事钞云："戒行者，既受得此戒，秉[①]之在心。必须广修方便[②]，检察

身口威仪之行，克志专崇，高慕前圣[③]。持心[④]后起，义顺于前，名为戒行。”

【注释】①秉：是拿或持的意思，这里作秉持不忘的意思。 ②广修方便：广修是指有学有修。方便，是要达到某种目的，必须通过使用某些方法，这些方法对于目的来说就是方便。这里的方便是教和行两种方法：教就是律藏，而且必须依止师父学习才能了解的。行是说对治烦恼，这个是强调自己的用功修正。 ③前圣：之前已经成就的三乘圣者。 ④持心：即行。

【今译】《行事钞》说：“所谓的戒行，就是既然受了此戒，应该将它印持在心。必须依止律师学习律藏、懂得开遮持犯要则等方便，时刻检察自我身口威仪之行，立定志向、专一崇重，仰慕已经成就的(声闻、缘觉，菩萨三乘)圣人。持守心行于得戒后即而生起，实际修持与之前所立的誓愿意义符合(这是戒律所说的‘随行’之意)，这样一个持戒过程名为戒行。”

第二章　断恶摄净

▲业疏云：“善生云，若诸贵人[①]常敕作恶。若欲受斋[②]，先遮断[③]已，后方成就。若不遮者，则不成也。成实云，有人依官旧法[④]，或为强力令害众生，谓无罪者？亦得杀罪，以缘具故。”

【注释】①贵人：即国王以及大臣。 ②受斋：是指受八关斋戒。 ③先遮断：于受八关斋戒之前，事先遮止或断除做恶的念头。 ④依官旧法：依照官场的法律，如宰官大臣秉持政法，依据律典而执行刑罚的；或者为官员所指使对于某人进行杀戮。这样的杀害，他们自己都以为无罪。但依佛制照样得杀罪，那是因为杀害的因缘条件都具备的原故。

【今译】《业疏》说“《善生经》说，如果国王以及大臣，经常敕令手下去行杀戮作恶。如果他们有因缘想受持八关斋戒，必须于受戒之前遮止断除杀戮的念头，之后去受戒才能成就。如果事先不遮止杀害的心念而去受八戒，虽然受了也不得戒体。《成实论》说，有人以为依照官府的法律，或以强制力来杀害众生是没有罪的。但依照佛制还是得杀罪，这是因为杀害的因缘条件都具备的原故。”

▲业疏云：“若已受斋，鞭打众生，虽即日不行，待明[①]当作，皆斋不净。以要言之，若身口作非威仪事，即名不净。或心起贪嗔害觉，虽不破

斋,斋不清净。若不修六念[2]等,亦名不净。”

【注释】①即日、待明:即日是受戒的当天。待明是受八关斋戒完毕的第二天。 ②六念:念佛、念法、念僧、念施、念戒、念天。其用意是要达到内心的清净无染。

【今译】《业疏》继续说:“如果受完八关斋戒,鞭打众生,即使受戒的当天不打,心想等待明天再作,这样斋戒还是不清净的。总的来说,如果身口作些非威仪之事,就是不净行为。或者心中生起贪嗔害觉,虽然不是破斋,但也不清净。或者不修六念等,也是属于不清净。”

【评析】这几段话有两个问题要理解清楚,一、官员指使手下去行杀戮,于受斋戒之前所应有的心念:于受戒之前,心想杀戮之事留待受戒完毕之后再行之,这样的受戒就不得清净戒。因为此时虽然受戒,但内心还是有杀的念头没有消除。二、对于一个执行官场法律的佛教徒来说,要明白这种杀人得罪的事实情况。但为了维护社会的安定与他人安全,在法律赋予的情况下,也不得不行之。

第三章　受随相资

▲事钞云:“然则,受是要期思愿[1],随是称愿[2]修行。譬如筑营宫宅,先立院墙周匝,即谓坛场[3]受体也。后便随处营构[4]尽于一生,谓受后随行。”

【注释】①要期思愿:要期即是尽此一生断恶,这是决定不变的誓愿。思即是缘想境界至于周遍,这是慈愍之心,和合这两种心混为一愿,就是受体。②称愿:称是随顺之义,就是守护与之前发愿相符相顺。 ③坛场:就是受戒的戒坛或场所。 ④营构:就是造立房屋。

【今译】《行事钞》说:“然而,‘受’是尽此一生的期限要约与用心缘念周遍境界而成就的一种誓愿,‘随’是相顺于曾经所发的誓愿进行修行。譬如,建筑营造宫殿屋宅,事先确立院墙周围,之后就根据场所进行经营构造乃至尽于一生。这就相当于,我们要求得解脱圣道,就要在受戒坛场当中受得戒体;在领纳戒体之后,在生活当中必须依照戒体誓愿,进行持守修行乃至尽于此生,这就是随行。”

【评析】以上所说的观念,由于平时于受戒当中很少说到,所以大家基本上不了解这种情况,同时也确实不容易做到。这是一种什么样情况呢?一、发誓愿:受戒是尽于一生都不改变。二、正受戒观想:要周遍缘念法界而没有遗漏。三、于生活当中,要谨记受戒誓愿:众善奉行,诸恶莫做,广度有情。如果能够做到这些观想,那所谓受戒功德之大,还用我们说吗?

△事钞续云:"若但有受无随[1],直是空愿之院,不免寒露之弊[2]。若但有随无受,此行或随生死[3],又是局狭不周[4]。譬如无院屋宇,不免怨贼之穿窬[5]也。必须受随相资,方有所至。"

【注释】①随:就是随行,随顺受戒所发誓愿而起行持。 ②寒露之弊:寒露比喻没有善法遮盖。弊是困死,比喻沉沦恶道。 ③或随生死:是说没有受戒而持戒,只是属于世间善法,不能作为佛道的基础。 ④局狭不周:没有受戒而持戒,他所对的境界是非常的有局限与狭小、不能周遍,而且存有恶心。 ⑤穿窬(yú):穿墙和爬墙。这说明没有受戒的誓愿作为防范与约束,虽然修行,还是被世间尘境所扰乱而丧失善根。就像盗贼穿墙而盗走财宝一样。

【今译】《行事钞》继续说:"如果只有受戒而没有随顺戒体去持戒,其实就像一个只有围墙而没有具体建筑物的空院子,这样免不了受到寒露侵袭的流弊过失(对修行来说将会沉沦恶道)。如果只有持守某些所谓的戒律而没有受过任何戒法,这样的修行或许还是会随流轮回生死,他的心量又是有局限而不能周遍。譬如没有院墙的屋子,不免被盗贼所穿墙而入窃去珍宝。所以,必须受戒与持戒相互资持统一,才能达到目的。

【评析】这段话说到以下几点:一、有受戒而没有随行持戒,只是一种空愿,不是言行合一,最终不能达到解脱目的。同时这里也透露出一个重要的信号,于受戒法会当中,受戒只是身份的成立而已:比丘身份、五戒居士身份或是菩萨戒身份。受完戒还有更重要的事情要做,就是持守戒法尽于一生。所以,受戒只是持戒的开始,而非一般意义所理解的,受完戒就没事了。二、如果有随行持戒而没有受戒,这样的持戒或许还是会受生死轮回。因为这种只是世善——与解脱法不相应,而不是戒善——与解脱法相应。这点前面也提到过。

▲事钞云:"问:今受具戒,招生乐果,为受为随[1]?"

【注释】①受、随:受是受戒,随是随顺戒体而持戒。

【今译】行事钞:问,受了具足戒之后,就招感乐果来说,到底是因为受戒而感召乐果？还是因为持戒而感召乐果？

△事钞续云："答：受是助缘，未有行功。必须因随，对境防拟，以此随行，至得圣果[1]，不亲受体[2]。故知一受已后，尽寿已来，方便正念[3]，护本所受，流入行心[4]，三善为体[5]，则明戒行，随相可修。若但有受无随行者，反为戒欺[6]，流入苦海，不如不受[7]，无戒可违。是故行者，明须善识[8]，业性灼然，非为滥述。"

【注释】①受是助缘…必须因随…至得圣果：由于在戒坛受戒之时，即刻生起持戒誓愿之心（虚愿，还未完成的愿心）；接着于生活对境中即能就生起约束防范之行而渐次地实践修习。这样持戒的因自然能够感得圣人之果。所以，《业疏》说，他是偏就行持能生后习来说，而不是从虚愿能感乐果来说。然而，受戒与随戒两法必须相互需要。但对于牵动来生果报来说，他们之间功能是有强弱之分的：随戒虽然能够感得圣果，但还得必须由受戒而产生；受戒虽然是虚愿，但最终为随戒而准备。所以，对于提前防范行动来说，受戒胜过随戒，对于生起良好习性来说，则随戒强胜而受戒微弱。 ②不亲受体：就到达圣果来说，不以受戒为亲（应以随戒为亲）。 ③方便正念：以智慧之心对治身心的非法。 ④流入行心：是说明行者于持戒过程中，成就决定业因的处所在行心这个阶段。 ⑤三善为体：不贪，不嗔，不痴。 ⑥戒欺：犯戒而至业力深重，轮回生死。 ⑦不如不受：这是祖师激励后学要能受就能持的言词，不是抑制后学后退不学。 ⑧明须善识：应该要有一个明白良好的认知，一须识教，教有开许与制约。二须识行，行有戒顺与违戒。三须识业，业有善业与恶业。四须识果，果有苦果与乐果。必须要明白这四种情况，才能摄心而起修。

【今译】《行事钞》继续说："答，受戒是助缘，因为还没有持戒功德的原故。要感得乐果，必须随体持守，面对境界要自我防范，以这样的持戒功行才能解脱烦恼到达圣果之地；在这持戒阶段来说，戒体是比较疏远而次要的，而随体持戒是主要而亲近的（如果就受戒阶段来说，当然是受戒纳体为最重要）。所以，受戒完毕之后，尽此一生，都要运用各种修学方便来提振自己的正念，保护原本所受的戒体，并将这种持戒愿心纳入自己的生命内心，于持守过程中以不贪不嗔不痴的三善法来作为心体；这是受戒后依照戒相所必须的发心持守。如果只有受戒而不持戒，反而被戒所欺所害，最终因为犯戒而流落轮回苦海，如果是这样的话，还不如不要去受戒，因为没有受就没有戒可违犯(当然,这是在激励劝导受戒者尽量持戒切莫犯戒,而不是叫我们不要去受戒)。所以,修行之人必须明确认识:戒法有开遮持犯,果报有善恶苦乐等;如是因感如是果的业性是明白必然的,我(道宣律师)在此并不是没有根据的随便叙述。"

【评析】上面的这个问答是非常重要的,大家要多多思考衡量,将它落实到自己的心里去。

▲资持云:"五浊[1]深缠,四蛇[2]未脱。与鬼畜而同处,为苦恼之交煎,岂得不念清升,坐守涂炭[3]。纵有修奉,不得其门,徒务勤劬,终无所诣。若乃尽无穷之生死,截无边之业非,破无始之昏惑,证无上之法身者,唯戒一门最为要术。诸佛称叹遍在群经,诸祖弘持盛于前代[4]。当须深信,勿自迟疑。固当以受体为双眸,以随行为两足,受随相符虽万行而可成,目足更资虽千里而必至。自非同道[5],夫复何言。悲夫。"

【注释】①五浊:命浊、众生浊、烦恼浊、见浊、劫浊。浊是污浊不净的意思。是末法时代之五种恶劣的生存状态,是减劫时所起的五种污浊。命浊——是众生因烦恼丛集,心身交瘁,寿命短促;众生浊——是世人每多弊恶,心身不净,不达义理;烦恼浊——是世人贪于爱欲,嗔怒诤斗,虚诳不已;见浊——是世人知见不正,不奉正道,异说纷纭,莫衷一是;劫浊——是生当末世,饥馑疾疫刀兵等相继而起,生灵涂炭,永无宁日。 ②四蛇:四蛇就是地水火四大风,其实这里是指我们身体。天台释云:火风二者上升是阳,地水二者下沉是阴。由于四大性质不同,如果不能好好调停,就致使相互违背身心不安。《金光明经》云:犹如四蛇,同处一箧(qiè),四大蚖蛇,其性各异。③涂炭:是指烂泥和炭火。比喻极困苦的境遇或极污浊的地方。 ④诸祖弘持盛于前代:到唐朝道宣律祖这个时候,由于大量律典被翻译出来,大批法师都深入律藏,所以说弘传与修持都会比之前来得深广。 ⑤同道:与道法相应。

【今译】《资持记》说:"由于恶业力量的原故,致使凡夫众生深深地牵缠于五浊恶世当中,无法摆脱身体四大时常相违的痛苦。与鬼道、畜生道众生同处相处,被苦恼煎熬着,怎么可以不念清净超升反而坐守污浊的境地而无所修为呢?或者,纵然有点修持奉行,由于没有研学律教规则的原故,也是不得要领难入其门,只可惜终日地勤苦修学而到最后还是没有达到一定的造诣。如果想了尽无穷的生死轮回,截断无边的恶业过非,破除无始的昏烦惑业，求证无上的法身慧命，唯有戒法这一门为最基础、为最重要。诸佛对戒法的赞叹言词都遍布在许多经典当中，乃至到唐朝时的道宣等一大批律师对戒律的弘传、修持都耗费了自己毕生的精力，他们的弘扬、修持都比之前时代来得更加积极与努力。修学者必须深心相信，切莫迟疑不前。必须坚定信念，以所受戒体为双眼，以随行持戒为两足。这样受持相互资助，即使是万种行持也可以成就；眼足相互支持，即使千里路途也能够到达。如果自心不与道法相应，那还有什么可说的呢？实在是可悲呀！”

第四章　因示舍戒

▲戒疏云：“所以开者。凡夫退位[①]，知何不为[②]，带戒犯非，业则难拔。故开舍戒，往来[③]无障。即是大圣，善达机缘，任物垂教，号法王[④]也。”

【注释】①凡夫退位：内凡以上对于持戒不羸弱也不舍戒；但此之前的外凡位皆容有退，所以说退位。修行过程中的几个阶位：修行佛道而未证见正理者，称为凡夫。其对正理未发相似之智解者称为外凡，发相似之智解者称为内凡。小乘以五停心、别相念处、总相念处等三贤位为外凡，而以暖、顶、忍、世第一法等四善根位为内凡。大乘以十信伏忍位为外凡，而以十住、十行、十回向等三贤位为内凡。　②知何不为：是说凡夫于舍戒之后，根本不知道什么是该与不该做。也就是说，不分青红皂白就乱干一通。　③往来：往是说开许舍戒，来是说可以再来出家受戒。　④法王：王者得其自在，于法自在故称法王。就是说，在诸法面前佛陀没有一丝的执著，不会被诸法所系缚。

【今译】《戒本疏》说：“之所以开许舍戒，是因为：凡夫退位还俗之后，可能就会乱作一通造作无量罪业，这样带戒犯罪，所造之业实在是太难拔除了。所以佛陀开许舍戒，使他们进出佛门没有障碍。这是大圣佛陀善于通达众生的根机，随于众生而垂立相应的教法，这样才能号称为法王。”

【评析】由于某些居士受五戒（包括八戒）之后，无法过好五戒生活，或者于持守中出现不用功与不精进的戒羸情况，或者又有其他的因缘缭绕束缚，与其持戒苦恼度日还不如舍戒做三皈居士。这样，佛陀就允许五戒居士舍戒。如果之后的受戒时机成熟，也可以再度受持五戒。但在这之前佛陀要求必须舍戒而保留三皈，做一个佛教徒。这样就避免了带戒犯罪的机会。

但三皈与菩萨戒是不可舍弃的，因为此两种是通于尽未来际的戒法。

▲戒疏云："作法舍[①]中，具缘有五：初是住自性[②]者。二所对人境。如多论云，若无出家人，随得白衣外道，相解者成。三有舍心。四心境相当。如律，中边不领[③]，前人不解，并不成舍。五一说便成[④]。"

【注释】①作法舍：通过一种行为动作的法则来舍戒。 ②住自性：有得受戒戒体的比丘或五戒居士。 ③中边不领：就是中原与边地之人语言不通，讲了对方不会理解。 ④一说便成：其他的作法要重复说三次，但舍戒只要说一次就成功舍戒了。

【今译】《戒疏》说，"在作法舍戒当中，要具备五个条件：一是真正得戒体的比丘或五戒居士。二是所对必须是人。如《多论》说：如果没有出家人，随有在家俗人或者是外道，只要能理解所说的意思就成功舍戒。三确实有舍戒的心。四舍戒之心与所对的人及所说的言辞，都是具备及相互能够知晓。五只要说一次就成功舍戒了。"

第四门　戒相

▲事钞云："戒相者，威仪行成，随所施造，动则称法[①]，美德光显，故名戒相。"戒相有二义：一约行为相，二以法为相[②]。

【注释】①随所施造，动则称法：随于生活中的言语动作，所作所造，都与戒法相符。 ②以法为相：以戒律条文之法相为戒相。

【今译】《行事钞》说："所谓的戒相，就是威仪行为已经成型，随于言语动作的施造，都与戒法符合相应，由此持戒的美德得到光显，这样就是戒相。然而，戒相有两种：一约行为相，二以法为相。约行为相，就是于持戒过程中所展现出来的行持之相；以法为相，就是戒相条文的戒相。

【评析】这里我们要分别两种戒相：一个是以法为相，一个是以行为相。以法为相，是说戒律当中的条文教法。对居士来说，翻开五戒的本，里面所说即是五戒戒条。以行为相，是说我们吸收了五戒的行持方法，在生活当中表现出来的那种威仪行为。这是戒相的两个特点，我们要分别清楚。

持犯篇

第一门　持犯总义

▲事钞云："然戒是生死舟航[①]，出家宗要[②]。受者法界为量，持者麟角犹多[③]。良由未晓本诠[④]，故得随尘生染。此既圣贤同有钦序[⑤]，何得抑妨不论。故直笔舒之，略分四别：一者戒法，此即体通出离之道；二者戒体，即谓出生众行之本；三者戒行，谓方便修成，顺本受体；四者戒相，即此篇所明，通亘篇聚[⑥]。"

【注释】①生死舟航：依照净戒的舟航，能够行越烦恼的苦海，所以说如舟航。　②宗要：宗旨纲要。凡入佛道之门的人，没有不禀持净戒的，所以是宗要。　③受者法界为量，持者麟角犹多：受戒者于受戒时，在法界（所有）的境界上都发起遵守的心念，所以说以法界为量。持者麟角犹多：在持戒当中，一种或少量的戒行都很难遵行，所以比喻犹如麟角。麟就是麒麟，是一种祥瑞的野兽，在国君帝王有道德的时候才会出现，止有一角，比喻极少的意思。　④本诠：是指律教。　⑤钦序：封建皇帝亲自所做的事情叫钦，这里以圣人用来比况帝王。序，叙述或劝诫。　⑥通亘篇聚：亘（gèn）即遍。篇聚：是比丘、比丘尼所持的具足戒有篇门与聚门的区别；济缘记说，居士于持守五八戒时，若有犯罪是没有篇聚这种分判之说；至于轻重大小及果报等还是一样的。篇门，是依据结成的罪果以及急要之义而区分为五篇；聚门，是归类聚集其罪性及因罪（如杀人而没有成功，没有杀人罪，但有方便未遂罪）而为七聚。简单说，就是戒律分为五大类的犯戒名称，七种的定罪结果）。

【今译】《行事钞》说："然而，戒是出离生死的舟航，出家的宗旨大要。受戒之人所缘之境以法界为量，但能够真正持守无缺的或始终坚持一行一戒的人比麟角还要少。为什么会出现受多持少的情况呢？是由于不通晓戒律的教法，所以就随顺世俗尘境受到了染污。这种情况，圣贤人等都亲自作这样的劝诫、述说，我们怎么可以隐瞒、抑制而不谈呢？所以今日有必要作一番叙述，约略的有四种分别：第一是戒法，他的体性通于出离死生之道。第二戒体，是生起受者行持的根本。第三戒行，运用戒法方便成就修持，所修言行能够顺应断恶修善的戒体。第四是戒相，就是这一篇所要说明的，遍通于戒律所分类的五篇七聚的内容。

▲资持云："问：何者为相？答：三科束之[①]：一所犯境，二成犯相，三开不犯[②]，总为相矣。更以义求，亦为三别：一、犯与不犯，二、犯中有轻、重不同，三、有方便、根本差别。统论其相，不出心境[③]。"

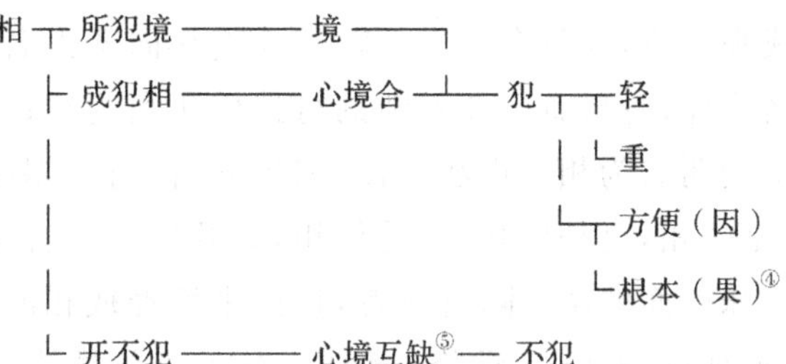

【注释】①束之：就是归纳起来。 ②所犯境、成犯相、开不犯：所犯境，构成犯戒目的对方境界，如过午不食时，饭菜就是所犯境。成犯相：成就犯戒的情况或过程。开不犯：心与境相互有缺的，如有心无境，有境无心。或者在做事时，多分条件都决定所做之事是属于犯戒的，但在佛陀特定的规定下，是佛陀所开许、允许可以做而不属于犯戒的。 ③心境：心，于持戒或犯戒时的那种心理状态；境，所面对的环境情况。 ④因与果：因，还没到达犯戒的目的。果，已经达成犯戒的目的。 ⑤心境互缺：心与境相互有缺失的，如有心无境，或有境无心。

【今译】《资持记》说："问，什么是相？答，归纳起来可以从三方面来说：一所犯境，二成犯相，三开不犯。如果再从意义来分别的话，也有三种不同：一犯和不犯，二犯当中有轻有重的不同，三有方便与根本的差别。统摄戒相，其实是不出心与境的两个方面。"如下图所示：

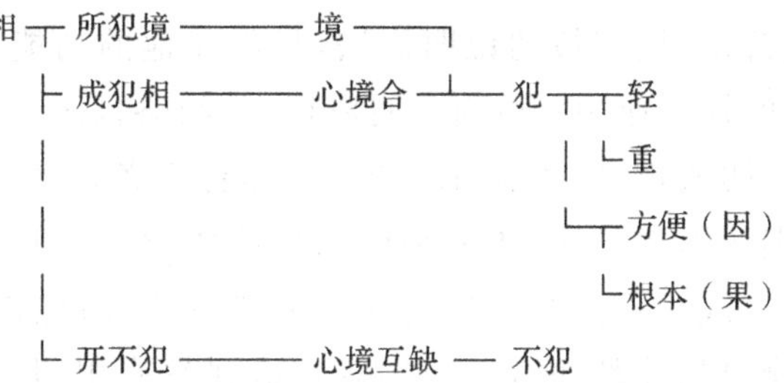

▲资持云："问，何以不但释相而总论四戒者？答，戒是一也。轨凡从圣名法，总摄归心名体，三业造修名行，览而可别[1]名相。由法成体，因体起行，行必据相[2]。当知相者即是法相，复是体相，又是行相，无别相也。若昧余三，直尔释相，既无由序，不知所来。徒自寻条，终难究本。"

【注释】①览而可别：从外相即可看得明白，清楚可别。 ②行必据相：行为持守必须依据戒律的条文法相。

【今译】《资持记》说："问，为什么不直接解释戒相，而先要总体论述法、体、行、相的四戒呢？答，戒只有一个。轨正凡夫从向圣人名为法；总摄法界善法纳入心胸名为体；身口意三业不断的行持修正名为行；三业修正的形相表现于外而了了分明名为相。由法成体，因体起行，行必据相。其实应该知道，所谓的相即是法相，复是体相，又是行相，离开这三个就没有别的什么相可说了。如果迷昧前面的法、体、行三者，直接来解释戒相的话，不但没有原因次序，也不知道他的源头；于学修过程中，对于戒条虽然分析得深入而微细、持守得用心而执着，但都是徒劳而无太大的益处，最终也难以了解'相'之所以为'相'的根本要义。"

▲资持云："前明戒法但述功能，次明戒体唯论业性，后明戒行略示摄修。若非辨相，则法体行三一无所晓。何以然耶？法无别法即相是法，体无别体总相为体，行无别行履相成行。是故学者于此一门深须研考。然相所在，唯指教诠，举要示相不出列缘[1]，缘虽多少不出心境。罪无自体[2]，必假缘构。非境不起，非心不成。若晓此意，类通一切皎如指掌。"见事钞记卷十七

【注释】①列缘：就是犯戒时所具备的条件因缘。 ②罪无自体：罪本身没有固定不变的自体，是在心与环境等的条件下才成犯罪的。由于是由很多条件组合而成，所以说它没有自体。

【今译】《资持记》说："最初说明戒法，只叙述他的功能作用。其次说明戒体，只谈论体的性质业用。后面所明戒行，是约略提示如何摄心修正。至此如果不细致辨明戒相，那么前面所谈的法体行三者，其实都一无所知。为什么呢？法无别法即相是法，体无别体总相即体，行无别行实践戒相即行。所以，修学者在这戒相一门必须进行深刻的考察研究；然而戒相之所依处，当然是指能够诠摄的律教而言。如果概要地列举戒相，其实不出每戒所列

的犯缘条件(成犯或持守的条件),缘虽有多有少,但一定不出持戒者的心识与所对外境。所谓的罪,它是没有固定自体的,罪的产生必须依靠许多因缘条件来构成:没有外境不会起心动念,没有心念不断地去迎合取着,也不会成就犯罪。如果能够通晓这样一个意涵,就能以此类推而对一切戒条戒相了如指掌。"所说的犯缘如杀戒当中所示:

一、犯缘:具五缘成犯:一是人,二作人想,三有杀心,四起方便(如拿刀、枪),五命断。

二、阙缘:如缺第一缘对方不是人。或者缺第二缘,是人但不作人想,这样等等,所犯轻重都不一样……

【评析】"若非辨相,则法体行三一无所晓。"那肯定句应该是:"若能辨相,则法体行三,全部明了。"再深一步说:"若要辨相,须知法体行三。"

这里主要想说什么问题呢?因为,学戒持戒都是出家法师或比丘及尼众首先要做的事情。固然是要持戒,但戒律的根本作用并不是束缚,而是要我们接受、改变、自然而法喜充满,不是因为持戒而心身不宁、苦恼不堪。这是死守条文或自许持戒为最第一修行的修行者所要特别注意的地方。再者,持守戒相,要理解相与三科——法、体、行内涵关系,不能只在戒相条文上下死工夫、抠字眼,死板单一地理解条相,而不会法体行及佛陀制戒之意。所以,戒相其实是戒法之相、戒体之相、戒行之相,离开了前面三者,就没有所谓的相,相是此三者的代表:"若昧余三,直尔释相,既无由序,不知所来。徒自寻条,终难究本。"

第二门　持犯名字

▲资持云:"持犯两名,并望受体违顺为名。"俗众所受五戒八戒,唯有止持作犯二义。

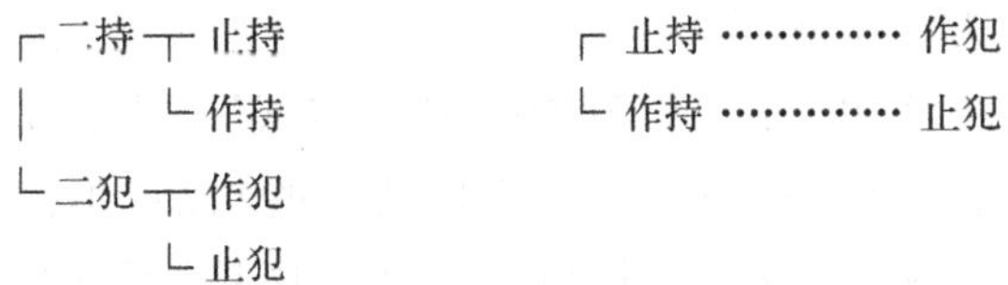

【今译】《资持记》说:"持与犯两个名称,都是对于'受戒得体'后违犯或持守而得名的。"至于在家俗众弟子所受五戒八戒,只有止持与作犯两种意义(没有作持与止犯的意义)。也就是说,在家居士在持守过程中,没有违犯的叫止持；反过来如果不能遵守而违犯了就叫作犯。如八戒中的“不香涂身”：不涂了叫止持，涂了叫作犯。下面列举四种持犯名称及之间的关系：

- 二持
  - 止持
  - 作持
- 二犯
  - 作犯
  - 止犯

止持 …………（相对的是）…… 作犯
作持 …………（相对的是）…… 止犯

【评析】这里说：“俗众所受五戒八戒，唯有止持作犯二义。”意思是说，没有作持及止犯的两种含义。所谓的作持，是通过积极、合法地去作了，才是持戒。“止”为停止不作的意思，停止作持，不遵守戒法，就是止犯。譬如，出家戒规定，比丘过午后除了水外，就不允许吃任何东西，包括吃药；但比丘有严重的胃病等而必须吃时，这种情况下佛陀是有开许通过一种行为与言语的作法，就可以吃药而不会犯戒。但这种所谓“通过作的方式达到持戒目的”的戒法，在家弟子这边是没有的。所以，居士在受八戒过午时，碰到病痛必须要吃药时，只能在佛前惭愧忏悔之后，将药吃掉，而不能像出家比丘法师，找一个人进行作法，即使作了，也是非法、不成的。

▲事钞云：“先解二持。言止持者，方便正念[①]，护本所受，禁防身口，不造诸恶，目[②]之曰止。止而无违，戒体光洁，顺本所受，称之曰持。持由止成，号止持戒。”

【注释】①方便正念：通过各种防护的措施，使自己不起犯戒的邪念，而坚持在正念的状态中。　②目：取名，命名。

【今译】《行事钞》说：“先解释二持。所谓的止持，就是通过各种方便提起思想正念，保护所受的戒体，禁防身口七支造作诸多恶业，这样就名之为止。由于止而没有违犯，所受戒体自然就光洁清净，这样的持戒过程自然就顺应、符合最初得戒时的清净状态，就称为持。持是在止的情形下完成，这样一个过程就称为止持戒。”

【评析】举个止持例子：八关斋戒中的“偷盗戒”。不犯情况一：当看到别人的东西时，我们马上收摄心念——这是别人的物品，不能占为己有，早点远离现场。不犯情况二：或者你只想欣赏这个物品，不管是观看还是摆弄，甚至以善意的想法把物品举离原处等，都不算犯戒——这有个前提，你必须是确实没有偷盗之心，不能假装没有。这种的过程，就是因为心念动作都完全停止了，这样的停止就成就了持戒，就叫做止持。

△**事钞续云:"二明作持。策勤三业**[①]**,修习戒行,有善起护,名之为作。作而无违,戒体光洁,顺本所受,称之曰持。持由作成,号作持戒。"**

【注释】①策勤三业:在各个环境当中,非常注意自己身口意三个方面情况不但不能生起犯戒之心,同时要策励生起努力修学之心。

【今译】《行事钞》继续说:"其次说明作持,精勤策励三业修习戒行,合乎戒善即起防护造作,这样名为作。由作而无所违范,所受戒体自然就光洁清净,这样的持戒过程自然就顺应、符合最初得戒时的清净状态,就称为持。持是由'作'来达成,这样就称为作持戒。"

△**事钞续云:"次释二犯。言作犯者,内具三毒,我倒在怀,鼓动身口,违理造境,名之为作。作而有违,污本所受,名之曰犯。犯由作成,故曰作犯。"**

【今译】《行事钞》继续说:"其次来解释二犯,所言作犯,内心具备贪嗔痴三毒,我执颠倒深藏心怀,遇到境界即鼓动身口,违背戒律法理与诸尘境造作过非,这样即名为'作'。作而有违,染污原本所受戒体,这样就名为犯。犯是由造作非法而成,所以名为作犯。"

【评析】现在还是举偷盗来做例子。成犯情况一:你早就有偷盗之心,一看到马上起心行动,这时只要你把物品拿起来离开原来位置,这就构成了偷盗戒。成犯情况二:你在摆弄的过程中,开始毫无偷盗之心,这时看看四周没人,突然起心偷盗,将物品举离原位置,这属于犯戒了。由于已经有起心占有、行动表现的"作"了,就都属于作犯。

△**事钞续云:"言止犯者。良以痴心怠慢,行违本受,于胜业厌不修学,故名为止。止而有违,反彼受愿,故名为犯。"**

【今译】《行事钞》继续说:"所谓止犯,是由于我们的痴心而起懈怠傲慢,导致所行之事违背本来所受戒体,于殊胜的解脱行业厌倦不学,就名为止;由于这样的止是违背了当初受戒时的誓愿,所以名为犯。"依上二持二犯之文,分配对照列表如下。

┌止持 — 方便正念 — 禁防身口 — 不造诸恶护本所受 — 止而无违戒体光洁 —
— 顺本所受
作持 — 修习戒行 — 策动三业 — 有善起护 — 作而无违戒体光洁 —
— 顺本所受
作犯 — 三毒我倒 — 鼓动身口 — 造境违理 — 作而有违 —
— 污本所受
└止犯 — 痴　心 — 怠　慢 — 不修胜业、行违本受 — 止而有违 —
— 反彼所愿

【评析】弘一大师摘取《戒疏》及《资持记》等文章，就持犯名义再进行概括说明：《戒疏》当中所说"单双持犯"的意义，大略可以分为两种——先就用心来说，后就依教行持来说。（单双持犯：双持双犯是，止持、作持、止犯、作犯；单持单犯是，止持与作犯。）

一、首先就用心来说：这是奉持戒法时的用心（但这不能作为正常持犯的简别判断标准），按照这样的道理，一切戒法都有双持双犯。乃至居士所受持的五八二戒也具备这样的意义。就是说，凡持一戒必定生起守护之心：①就离恶边即是止持，②就生起守护边是作持，③违背教诫造作恶法是作犯，④不能用心对治不善念头是止犯。这里所说的两持两犯各自相互通融，但并不是说持中有犯，因为善恶两者性质有别。违戒顺戒就心来说，都是相违而不能同时相容的。

二、后者就依教行持来说：简单判断是否犯戒，正用此义作为标准。必须是律教明文规定而必须去行持的，才具备双持双犯。其余杀盗等戒，律教当中没有开许可以去行杀行盗的，都属于单持单犯。所以，律教当中奉行双持双犯的只有出家僧众才有。比丘二百五十戒中，二十六戒具备双持双犯。例如某事，律教制定必须去行的而依教去作的是作持，就没有违犯来说是止持，如果不能依教去作是止犯，就有违犯来说是作犯。在家居士所受五戒八戒只有单持单犯，和律教中所行的双持双犯是没有关联的。

第三门　持犯体状[①]

△事钞云："出体有二，一就能持，二就所持。言能持者，用心为体，身口是具[②]。故《成论》云，是三种业，皆但是心[③]。又《四分》律云，备具三种业，当审观其意等。如后更解。"

【注释】①持犯体状：体状是说持守过程中的用心情况。如果不加思虑，无法成为持戒犯戒，所以以意思（心念）为能持犯体。 ②身口是具：具是工具的意思。由于身口色，只是成业之缘，不是正业之本。疏云，身口是工具，不名为业。 ③三种业皆是心：身口意三业，都是由心的决择之后施行于身口意，而成就了业果。

【今译】《行事钞》说："持犯的体有二：一就能持来说，二就所持来说。所谓能持，是以心为体，这里所说的心，是以'意思'为持犯体。如《戒疏》云'若不思虑，不成持犯，故以意思为能持犯体。'如果我们的心没有任何思虑，也就不成持戒或犯戒，所以以意思为持犯体，身口是工具只是成业的缘，不名为业。《成实论》也说，身口意三者其实都是心在作用，离开了心也就没有意思、没有身口业了。《四分律》又说，要使身口意三者具足成就业果，应当详细审思'意'的抉择情况，律中结论犯与不犯时，都要问以什么心意去造作，如不犯当中就有开许忘记或无心误犯之类。其实心与意思是体用的关系：《成实论》推三业之本，所以就从心体来说；这里是确定成立业果功能，所以从心的作用'意思'来说。"

【评析】心、意、识的区别：心是集起的意思，就是集聚种种善业与不善业的习气所在，能含藏平常遗留下来的种子或习气，将来遇到外缘又会生起现行果法。识是了知分别的意思，但这心的习气从哪里来呢？这是六根攀缘六境而来的，所以从六识攀缘境界来说，又把这个心叫作识，没有这个心六识也不能生起作用。意是思虑度量的意思，当六识依六根遇到境界，对于所缘的行相，就生起深刻的分别作用，他是外界一切活动的枢纽，所以经典上说"依意生识"。

在《备览》里面只提到能持犯体，而没有提到所持犯体，故此，元照律师在《芝苑遗编》里面作了这样的补充：一切事法是所持犯体，这是"正当、准确"的意义。[1] 所言事法，各自都具备善恶两种情况。于善恶两种事法起心持犯时，就有两持两犯产生了。起持或犯之心即是能持犯体，善恶事法即是所持犯体。持犯既然因为事法而产生，则以一切事法为所持犯体，难道不是这样吗？

---

〔1〕 元照：《芝苑遗编》卷之上，台湾南林出版社2000年版，第13页。

第四门　辨犯轻重

化、制两种教法，就业力分判来说有很大的不同；制教是从教法的重轻来判，化教则论用心的浓薄来说。教法主要是起到楷定的作用，因缘条件具备的话，就成就持或犯。而心是变动不常的，有动则就体性来分。由于两者的因果所有不同，导致化、制二教的性质有很大的不同。如果昧迷这样一个宗旨途径，则无法究竟了解业力的本源。所以就以下诸多内容来作个分别说明。

第一章　明起业之源

▲事钞云："起业要托三毒而生，然毒之所起，我心为本。此义广张，行人须识，如忏法中，具明业相。"

【今译】《行事钞》说："业的生起，要依托贪嗔痴三毒而生，然尔三毒所起，是以心为根本。这个意义广泛张显说明，修行之人必须认识清楚，如忏悔当中有具体说明业力之相状。"

【评析】业的因缘性：业没有自主不变的本性，必须假借因缘才能生起。虽然因缘众多，却不外乎心、境的两大因缘。凡夫对境时即发起三毒，而构造了业力。境界是外缘，三毒是从内心发出，所以要说明业的生起主要是推向三毒。三毒从"我"而生起，"我"的特点即是妄想执着与计度，这个妄计就是生起业力的本源，所以才名为妄业。经上说：一切业障海，皆从妄想生。谛实地追求妄想根源又毕竟不可得，但是一心随缘不觉，又会不觉地固执计着有我。由我而起三毒，因三毒造作业力。业力成就感得果报，果报全是苦的，苦即轮回生死而流浪出没，这样造业受苦更加深重，亿劫轮回都得不到停止。为什么会出现这样结果呢？如果从本至末，就果推因的寻求原因，那是因为不识妄业根源，不知苦痛根本。由此，我们也就认识到了业的因缘性与空性。

△事钞续云："今略述起罪必约三性[①]而生，受报浅深并由意业[②]为本。故明了论解云，破戒得罪轻重不定。有生重心破轻戒[③]得罪重：无惭羞心，作无畏难；或由见起，谓无因果；或由不信生，谓非佛制此戒；或不

信破此戒得此报；或由疑生，为定佛制为非佛制？为定得报不定得报？若由如此心破，得罪便重。若不由如此心，偶尔破戒，重翻成轻④。”

【注释】①三性：性即心体的意思。心的无常变化虽然万状不一，但论体只有三种，善恶二者是有记，一是无记。 ②意业：谓能造业的主导者。但性是就业的开始来说，业是取已成而言。 ③重心、轻戒：重心是说犯戒时狠毒的心态，轻戒是指威仪戒来说。 ④重翻成轻：重报转成轻报。

【今译】《行事钞》说：“现在简略叙述生起罪业必定就三性而生，感受果报深浅都由意业为根本。所以《明了论》解释说：破戒得罪有轻、重、不定的区别。有生重心破轻戒得重罪的情况：那是由于心无惭羞，无所畏惧；或者邪见生起，以为无因果；或者由于不信之心生起，认为不是佛制定这样的戒律；或者不信破此戒就这样果报；或者心生疑惑，一定是佛制还是不是佛制？一定得果报还是不一定得果报？若是由这样的心来破戒，得罪就会很重。如果不是由这样的心来破戒，而是偶尔破戒，就会翻重报成为轻报。”

【评析】这里说明关于罪业的几个关键点：一、起罪是由三性而起的，善、恶、无记心的生起，都有不同行为与最终的果报。感果深浅是由意业的用心轻重来分别。果报的轻重，与犯戒时用心猛烈与轻淡有必然的关系。现在录弘一大师依《资持记》释文列表如下：

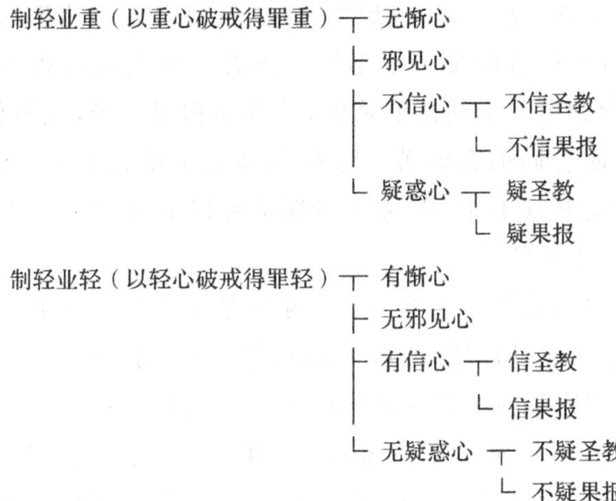

第二章　约三性示相

第一节　善心

所谓善心，虽然不是粗恶的行为，但这是无知的表现。就业报来说是比较轻的，但到底还是违背了佛陀的制戒。

▲事钞云："如僧祇中，知事暗于[①]戒相，互用[②]三宝物。随所违者，并结上罪[③]。或见他厌生，与其死具[④]。看俗杀生，教令早与[⑤]，勿使苦恼。此并慈心造罪，而境违重。不以无知便开不犯，由是可学[⑥]皆结根本。"

【注释】①知事、暗：知事是管理寺庙的法师。暗是愚昧无知的。　②互用三宝物：本来佛物而用于僧众上，本来佛物而用在法物上，本来是法物而用在佛物上。　③上罪：就是重罪或根本罪的意思。　④厌生与死具：厌生是不喜欢活着。死具是给他死亡的工具。　⑤早与：看到俗人杀生，觉得动物很痛苦，就劝俗人早点结束它的生命。　⑥可学：可以通过学习而记住的，基本上能做到守护不犯的。

【今译】《行事钞》说："如《僧祇律》中说，知事对于戒相愚昧无知，互用三宝物品。随于有所违背的都结根本罪。或者见到别人厌恶生存，就给予死亡过的器具。看到俗人不利索地杀生，觉得动物很痛苦，就教他们早点帮它结束生命，不要使它们那么痛苦。这些都是由于慈悲心而造作了罪业。这样，并不以无知就开许不犯，因为这些都是可以通过学习而不必去违犯的，最终都是要结根本罪的。"

【评析】这里提到了"好心犯戒"的两个方面：第一，互用三宝物：比如塑佛像的钱移用于经书的印刷，或者供僧的物品用于救济，看上去这些做法都是好的，但如果没有通过常住大众僧的正式许可而直接就用的话，做知事者依然要犯过失的，不因为你好心就不犯。第二，慈心犯杀：看到别人活得那么凄惨、痛不欲生，就干脆劝人早点了结生命；或者看到俗人杀生，不忍心看到众生的苦痛，就劝他们早点了断它们的生命。这样的虽然只是劝说，但依然要犯根本杀罪。

由此，可以知道，在佛门当中，好心不一定就能办好事，而且依然要受因为违背戒法而承担的严重果报。

第二节　不善心

所谓的不善心，是说贪嗔痴三毒的单一生起或者组合生起，而鼓动身三口四七支去造作罪业。

▲事钞云："识知戒相，或复暗学。轻慢教网[①]，毁呰[②]佛语。如明了论述云，有四种粗恶意犯罪：一者浊重[③]贪嗔痴心，二者不信业报，三者不惜所受戒，四者轻慢佛语。故心而造，则得重果。以此文证，由无惭愧，初[④]无改悔，是不善心。"

【注释】①教网：指佛之教化。即比喻众生为鱼，佛之教法为网。如经中所言，张开佛教网，亘法界海，漉人天鱼，置涅槃岸。谓佛之教化，能令众生远离生死苦海，到达解脱之彼岸。　②毁呰：毁谤或者非议。　③浊重：心思很是混浊不明，贪嗔痴三毒炽盛。　④初：一开始。

【今译】《行事钞》说："有的出家人是略略认识此戒相的，或者有的对于戒相就是根本愚昧无知的。而他们却轻慢佛所说的教法，毁谤非议佛的言教。比如《明了论》所述说的，有四种粗恶意而犯罪的：一烦恼浊垢心重、三毒心重，二者不相信有业报，三者不爱惜所受的戒体，四者轻慢佛语。由于是故意之心而造作的，则感得的果报也非常严重。以此文章证明，由于没有惭愧之心，一开始就没有悔改的心意，这种就是不善心。"

第三节　无记心

无记有多种区别：一、无情局无记，有情通三性。二、就有情中，报色是无记，心则通三性。三、就心中，三心（受想识）局无记，行心通三性。还有两种无记：一是纵放的称泛尔无记，二约睡狂是昏迷无记。

▲事钞云："元非[①]摄护，随流任性。意非[②]善恶，泛尔[③]而造，并通摄犯。唯除恒怀护持，误妄而造。此非心使[④]，不感来果。"

△事钞续云："非即[⑤]如上。前为方便[⑥]，后眠醉狂，遂成业果，通[⑦]前结正。并如论中无记感报。"

【注释】①元非：一开始就不用心。　②意非：由于心意的糊涂，而导致不分别是非善恶，那也是因为一开始就不用心摄护的原故。　③泛尔：由于不收摄自心的原故，导致泛尔就犯戒。　④心使：在心的驱使下。　⑤非即:不止的意思。 ⑥前方便:如睡觉之前杀人,但未断命。 ⑦通:依。

【今译】《行事钞》说:"对于戒法一开始就没有收摄护持之心,而是随流任性。心意糊涂地不分是非善恶,随性泛尔就造作犯戒,这些都是摄在犯戒的范围。唯除恒常怀着护持之心,于失误或妄记时所触犯的戒法是不属犯戒的。因为这不是在心的驱使下,即使犯戒也不会感得果报。行事钞又说:不止如上所说这些,比如杀人之后便入睡眠或醉酒或颠狂的无记状态,但也成就杀人的业果,依照前面的意思还是要结根本罪的。并如《成实论》当中所提的无记感报的例子。"

△事钞续云:"问:无记无业,云何有报?答:解有二:初言感报者,谓先有方便,后入无记[①],业成在无记心中,故言感报。而实无记,非记果[②]也。二者不感总报,非不别受[③]。如经中,头陀比丘[④]不觉[⑤]杀生;彼生命过,堕野猪中[⑥],山上举石即因崩下还杀比丘[⑦]。如成论中,睡眠成业,是无记业。"

【注释】①先有方便,后入无记:就是上段所说,杀人在先,睡眠等无记在后。 ②非记果:无记心不是感得有记果报的因缘。 ③不感总报,非不别受:由于是无记心的原因,不会感得堕地狱的总报,但免不了要受其他道趣的别报。 ④头陀:头陀翻译成汉语是抖擞,谓抖擞烦恼,离诸滞着的意思。按俗称,僧人之行脚乞食者为头陀,亦称行者。 ⑤不觉杀生:不觉是无记心而杀牛了。 ⑥彼生命过:那一生命终了投胎于野猪当中。 ⑦还杀比丘:前世是比丘,而今世投生为野猪。

【今译】《行事钞》继续说:"问,无记不会造业,怎么有果报呢?答,有两种解说:一、所谓的感报,是说先有了前方便,之后入于无记的状态,而业果却在无记心当中成熟,所说的是这样的感报。而实际无记心,不能感得有记的果报的。二、如果有感果报,是不感总报(不会堕入地狱的总报),但不是说不会感得别报(可能会投胎其他道趣)。如经中说:修头陀的比丘,于前世时曾经有杀生过,由于是无记心原故,并没感觉到自己有过杀生;他于命终后投生于野猪当中,某时山上有人举起石头但随即引起山土崩下而杀死比丘(投生为野猪的比丘)。如《成实论》当中,睡眠成就业因,这是属于无记之业。"

【今译】这段是说明由于无心的感报与不感报的问题,通过上面解说应该都会清楚了。这里有个由于无记心杀生而感报的事例:

某年代，有一和尚，到处参学行脚，以此来历练心志，消磨烦恼，求取有朝一日的悟道。凡过山林路间，都会清理路边的杂草荆棘、瓦片碎石，以便其余行人及来者的行走通畅。

某日到某寺去参访。与往常一样背起行囊、飞动禅杖，边前行边寻视路之左右。此时，有一较大石头落在路中间，老和尚随即将它清理到路边的杂草丛中，但石头一落下即击中了草丛之中老蛇身上，顿时老蛇一命呜呼！但老和尚并不知道此事。

后于此寺修行中得悟道佛法，此时他身边也聚集了相当多的皈依信徒及护法居士。老和尚以神通力观察，即知曾经之事——身边一经常来虔诚请问佛法、勤恳来护法的年青富有的女弟子即那只蛇投胎转世而来的，而且于不久将来会感得反被伤害的果报。于是乎，老和尚进行了秘密闭关，以希望避开被伤害的果报。

年青女弟子，来了三五趟没有见到自己的师父，心里非常着急难过。就向寺庙其他师父、居士打听师父的下落。经过一番打听后知道师父在关房闭关。女弟子心想：师父闭关别人不能进去，好东西拿不进去，那怎么办呢？

那是冬天某日傍晚，太阳虽渐西下，但在红彤彤夕阳照射下，关房的墙脚边却显得暖意融融。这时，女弟子偕同一人，提了一袋黄金，蹑手蹑脚地向师父关房墙脚走去，将要接近关房时，女弟子示意身边那人将一袋沉沉甸甸的黄金抛向了关房墙脚内，两人拍拍手，欢喜地离开寺庙。

但，老和尚预知之事终于发生了，他们一袋黄金刚好扔向了在墙脚边晒太阳边打坐念佛的老和尚头顶，老和尚当场气绝往生。

这则故事，也进一步说明了无记心所犯的过失，还得要受报的。但对老和尚来说，只是偿还而已，报完依然来去无拘、生死自在。

△事钞续云："问，如前无记有不犯者，其相如何。答，谓学知戒相，善达持犯。心常兢厉[①]，偶尔妄迷，由非意缘[②]，故开不犯。如扶持木石，失手杀人。如是等缘，并非结限[③]。反上所怀[④]，并结正犯。"

【注释】①兢厉：兢兢业业地策励自己。　②非意缘：不是在心意的所缘下而犯戒（指无记心）。　③非结限：不是属于结罪的范围。　④反上所怀：如果与上面所说是相反的。

【今译】《行事钞》继续说："问，如前面说到无记心不犯戒，它的情况是怎样的？答，是说有学习并了知戒相情况，善于通达持犯原则。心意兢业无间策励自己，偶尔的迷妄，并不是由于心意的故意缘念，这样的情况是开许为不犯的。比如扶持木石，不小心失手而杀人。等等这些因缘，都不属于结罪的范围。但如果与上面所说情况是相反的，受戒而不学的，都是正犯要结根本罪的。”

【评析】依这几段《行事钞》的文章意思，只有认真学习之人才可以开许迷妄而不结罪。如果受戒而不学之人，即使于境界上生起迷妄，也同样要结正罪的。

第三章　结示伤叹

▲事钞云：“然则业苦绵积[①]，生报[②]莫穷。虚纵[③]身口，污染尘境。既无三善可附，唯加三恶[④]苦轮。以此经生[⑤]，可为叹息。”

【注释】①业苦绵积：业苦，业是因苦是果。绵是生死出没久远没有停息，积是造业受报非常之多。　②生报：是说明来世的果报。　③虚纵：随于妄想而兴造业因故说虚纵。　④无三善、加三恶：无三善是说恶因多，加三恶是说无善果。　⑤经生：是生存度世。

【今译】《行事钞》说：“然而，由于业因苦果的原故，导致了生死轮回无穷。放纵身口，染污尘境。既没有三善可作为凭借，反而只有增加恶果之苦轮。如果这样生活度世下去，实在值得感叹呀！”

第四章　方便趣果

造作或违犯境界，都有方便、根本、成已的三时。所以佛陀随时而制定戒法，目的是使令有智行者能够克服烦恼，立志不犯。如淫戒：方便是说想犯淫戒与正在逐步进行中；趣果是说已经达到了淫欲的结果。

第一节　前方便[①]

▲事钞云：“今约淫戒以明。如内心淫意，身口未现，名远方便，此犯下罪。二动身口，未到前境，名次方便，犯中罪。三者临至境所，身分相交[②]，未至犯处[③]已来，名近方便，是重中罪[④]。”

【注释】①前方便：是通于或包括了前面的三种方便，这三种方便就后面的根本来说，都属于前。　②身分相交：就是身体手脚等部位开始相互接触。　③犯处：男女二根之处，或者男两处，女三处。　④重中罪：比中罪还更重一些。

【今译】《行事钞》说："现在以淫戒来作比例说明。如内心生起淫欲的想法，但身口还没有动作展现，这样名远方便，犯下罪。二是开始发动身口起身、语言等，但还未到对方面前，这样名次方便，犯中罪。三是临近境界处所(到对方面前)，身体手脚等地方相互接触牵拉，但男女二根还没接触之前，名为近方便，这样犯重的中罪。"

▲戒疏云："言方便者，乃是趣果之都名[1]。业未成前[2]，诸缘差脱[3]，故令此罪，壅住[4]方便。"

【注释】①都名：总名。　②业未成：这里的业是指犯戒之事。或者说犯戒就造业了。　③诸缘差脱：于犯戒的三种方便过程中，其中有某些条件没有具备，称为差脱。　④壅住：壅是堵塞，就是停留阻滞的意思。

【今译】《戒本疏》说："所言方便者，那是进入根本结果的总名。就是说那种犯戒之业还没有成就之前，许多因缘条件差脱或不具备，使令这种犯罪，只停留在方便罪的地方上。"

第二节　中根本

▲事钞云："本相如何。谓入如毛头[1]名淫，举离本处[2]名盗，断其命根名杀，言章了知[3]名妄。若结罪之时，并揽前因[4]，共成一果。不同他部，因成果已，更有本时方便[5]。"

【注释】①入如毛头：男女身体交合时，如果二根如头发丝那样的接触，就犯根本。　②举离本处：偷盗成犯的标志是，把物品举起离开了本来的位置，就犯偷盗戒。　③言章了知：打妄语时，自己说得清楚，对方听得明白，就犯妄语戒。　④揽前因：揽是结合或者包括，成就犯戒的结果是要结合之前的种种方便才能成就的。　⑤本时方便：其他律部说，除了达成了根本罪，还有之前方便罪。

【今译】《行事钞》说："所谓中根本的相状怎么样呢？男女二根有如头发丝那样少许的接触，就名为淫欲。把物品举起而离开了本处名为偷盗。断众生的命根名为杀。打妄语时言词章句分明清楚，听者明白，就名为妄语。于结罪的时候，结合之前方便之因，而共同促成一种犯罪的结果。不同于其他律部所说的：因成为果之后，还有之前的本时方便罪。"

第三节　后方便

▲事钞云："何者后方便？谓所造事畅决称怀[①]，发喜前心[②]，未思悔改。复结其罪，通得下罪[③]。"

【今译】①畅决称怀：对于所做事，心里感觉非常满意、舒心。　②发喜前心：对之前所做事情，之后想想都觉得欢喜高兴。　③通得下罪：不管之前所犯之罪是轻还是重，于完事之后有表现出那种畅快的心情时，都要结下罪。

【今译】《行事钞》说："什么是后方便呢？是说于所做之事，心里感觉非常满意舒心，内心暗暗高兴欢喜，根本没有想要悔改。这样又结它的罪，通通得下罪。"

第五章　广斥愚教

▲事钞云："今时不知教者，多自毁伤[①]。云：此戒律所禁止，是声闻之法。于我大乘弃同粪土。犹如黄叶木牛木马[②]，诳止小儿。此戒法亦复如是，诳汝声闻子也。"

【注释】①自毁伤：身为佛子，反而毁坏佛教。又自身禀受戒法，反而毁破戒律。　②如黄叶木牛木马：《大般涅槃经——婴儿行品第九》卷二十：……又婴儿行者，如彼婴儿啼哭之时，父母即以杨树黄叶而语之言，莫啼！莫啼！我与汝金。婴儿见已，生真金想便止不啼。然此杨叶实非金也。木牛、木马、木男、木女，婴儿见已亦复生于男女等想，即止不啼，实非男女，以作如是男女想故名曰婴儿。……善男子，如彼婴儿，于非金中而生金想，如来亦尔，于不净中而为说净。如来已得第一义故，则无虚妄，如彼婴儿于非牛马作牛马想，若有众生于非道中作真道想，如来亦说非道为道，非道之中实无有道，以能生道微因缘故，说非道为道。如彼婴儿于木男女生男女想，如来亦尔，知非众生说众生想，而实无有众生想也。

【今译】《行事钞》说："今时不知教法之人，多数自我毁灭伤害。说：这戒律所禁止的，是声闻之教法。对于我大乘教法来说就如粪土，应该抛弃。就像黄叶木牛木马一样，只是用来诳诱小孩。这戒法也是一样，诳诱你们声闻弟子而已。"

【评析】这是有人依据这样内容而错滥理解佛说教法。每位出家僧人都要禀受戒法却又在贬低戒法，这叫什么呢？这里是说明如来追述之前讲说小法之用意，但到了讲涅槃的时候，就说明那是权巧之说，最后都要汇归常住不生不灭之法，哪里有大小的分别呢？这就是不知佛说教法的真正用意而导致的执着与分别。

△事钞续云："原夫大小二乘，理无分隔。对机设药，除病为先。故鹿野初唱[①]，本为声闻，八万诸天，便发大道。双林告灭[②]，终显佛性，而有听众，果成罗汉。以此推之，悟解在心，不唯教旨[③]也。"

【注释】①鹿野初唱：佛成道后到鹿野苑，最初为五比丘传授四谛法。②双林告灭：佛最后于双树林间入涅槃。③悟解在心，不唯教旨：不应于教法起大小的分别执着，关键是在于行者心的悟解能力。即是不以所学即判定为大或小，若能悟解大的则一切归大，哪里是学律的就是小心小量呢？反过来说，立志发心小的，即使是研习大法，所证结果还是小的。

【今译】《行事钞》继续说："本来大小两乘所证空性之理是没有差别的。不管教法或大或小，主要先以对机除病最为关键。所以佛于鹿野苑说四谛法，本来是为化度声闻弟子，但八万天人听了之后，却发起修习大道之心。佛于双树林间示现入灭时，说明并显示一切众生最终都能成佛的大乘教法时，而有些听众却只证得小乘的罗汉圣位。以这样情况来推论，就能得出一个结论：主要是看行者内心的悟解情况，与教法的大小是没有关系的。"

△事钞续云："故世尊处世，深达物机[①]，凡所施为，必以威仪[②]为主。但以身口所发事在戒防，三毒勃兴要由心使。今先以戒捉，次以定缚，后以慧杀，理次然乎。今有不肖[③]之人，不知己身位地[④]，妄自安托[⑤]云是大乘。轻弄真经[⑥]，自重我教[⑦]。即胜鬘经说，毗尼者即大乘学。智论云，八十部者即尸波罗密。如此经论，不入其耳，岂不为悲。"

【注释】①物机：物即有情，即有情的根机。②威仪：即是戒学。③不肖：即不贤。④位地：谓薄地凡夫。⑤安托：谓没有疑惑及畏惧。⑥轻真经：是毁坏律教。⑦重我教：立党朋之习。

【今译】《行事钞》继续说："所以世尊处世，能够深刻通达有情的根机，凡有所作，必先以威仪戒法为尊重。而身口所发的动作，则以戒律来防范，三毒的突然兴起要以心意为主使。今先以戒捉，其次以定来缚，最后以智慧而杀之，这是修学佛法必然次第。现在有不贤之人，不知自己修证位次，便毫无畏惧妄说我是大乘。轻慢玩弄正法经典，另立朋党自我吹嘘教法。而《胜鬘经》说：毗尼者即是大乘之学。《大智度论》也说：八十诵律即是尸波罗密。这样等等经论所说，都听不进去，实在是太悲哀了！”

△事钞又云：“故百喻经云，昔有一师[1]，畜二弟子[2]，各当一脚[3]随时按摩[4]。其大弟子，嫌彼小者，便打折其所当之脚。彼双嫌之，又折大者所当之脚。譬今方等[5]学者非于小乘，小乘学者又非方等。故使大圣法典，二途兼亡。以此证知，今自目睹。”

【注释】①师：比喻如来。　②弟子：比喻学者。　③两脚：比喻大小两乘。　④按摩：比喻寻究学习。　⑤方等：即大乘之通名。

【今译】《行事钞》又说：“所以《百喻经》当中说：从前有一师父，收有两位弟子，各自都负责一只脚，随时对其进行按摩。其中大弟子嫌小弟子负责的那只脚，就把它折断。小弟子又嫌大弟子的那只脚，又折断大弟子所负责之脚。其实是譬喻大乘学者损毁小乘学者，小乘学者又损毁大乘学者。所以这样就使得佛陀大圣大小两乘教典都双双伤亡。以此证明就知道，现在眼前所见就是这种情况。”

忏悔篇

第一门 忏悔名义

▲资持云："梵云忏摩，此翻悔往。有言忏悔，梵华双举[①]。准业疏云，取其义意，谓不造新。忏谓止断未来非，悔谓耻心于往犯。"

【注释】①梵华双举：在忏悔这个名称当中，"忏"是取梵语忏摩的忏，"悔"是中国语言，所以叫做梵华双举。

【今译】《资持记》说："梵语叫忏摩，汉语翻译为悔往。或者叫忏悔，这是以梵语与汉语同时双举来命名。依照《业疏》说：取其意义为不造新业。忏是止断未来的过失非法，悔是为以前所做非法感到羞耻。"

▲事钞云："夫结成罪种[①]，理须忏除，则形清心净[②]。故萨婆多云，无有一法疾于心者[③]。不可以暂恶，便永弃之，故须忏悔。"

【注释】①罪种：结业成因，必招来果，故如种子。 ②形清心净：通过忏悔，能使形像庄严清新，心地清净。 ③无有一法疾于心：世界上没有一种东西的速度比心念的转变来得快捷。这里的用意是说，若有所犯就应马上忏悔不能等待。

【今译】《行事钞》说："由于身口造作不善，结下了成就未来报应的因种，这种情况必须及时地进行忏除，这样就能通身清逸内心净洁。所以《萨婆多部》说：世间没有一种法的速度比心念转变来得快。不能因为一时的造恶，就永远放弃，所以必须进行忏悔。"

【评析】元照律师解释说：为什么要及时进行忏悔呢？

由于罪是从虚妄的妄想而起，借助因缘条件而生成的。如果我们了知，妄想之体本来性空而没有自体，了解了妄想的根本，则成犯之缘相(因缘条件)没有了依处；认识到了罪体是因缘而生，则罪根即灭。回想追忆所犯，深恨以前所做非法。今天虔心仰对三宝的殊胜因缘，应尽情披露肝胆发露忏悔。罪由心起，还从心灭。既能伏住现前恶因，就不会牵引后来的恶果。如果犯而不忏，以后的业果苦报将是无穷无尽。有智之士应该认识其中的过非，于义理来说是不能隐瞒与覆藏的。所以，往日之心造作恶业，今日忽然生起追悔，这样刹那地翻恶为善，就应马上进行忏悔清净，不能以任何理由等待一日或多日之后才进行忏悔。

《萨婆多部》问道："何法重于地？何法高于空？何法多于草？何法疾于风？答说：戒德重于地，我慢高于空，烦恼多于草，心念疾于风。"由于"心念疾于风"的原故，更显得忏悔的过程是多么重要与有意义。

▲事钞云："涅槃云：犯四重①者，生报②即受。若披法服，犹未舍远③。常怀惭愧，恐怖自责。其心改悔，生护法心，建立正法，为人分别。我说是人，不为破戒。若犯四重，心无怖畏，惭愧发露。于彼正法，永无护惜建立之心。毁呰轻贱，言多过咎④。若复说言，无佛法僧。并名趣向一阐提⑤道。云何是业，能得现报，不未来受？谓忏悔发露，供养三宝，常自呵责。以是善业，今世头目等痛、横罹死殃、鞭打饥饿。若不修身戒心慧，反上诸法，增长地狱。"

【注释】①四重：四种重大罪业，犯大杀、大盗、大淫、大妄语。 ②生报：有三种受报情况：一、现报，依现在之业受于现在之果报。二、生报，依此生之业受于次生之果报。三后报，由作业之生隔二生以上，后所受之果报。 ③犹未舍远：虽然破戒，但于佛法依然恋慕不舍。 ④言多过咎：言谈之时，谈论佛教中的过失。 ⑤一阐提：是断善根的意思，五逆十恶之人，称为断善根之人。

【今译】《行事钞》说："《涅槃经》说，犯杀、盗、淫、妄四重的人，来生即受报应。如果这种人还是恋慕出家修行生活、不舍法衣袈裟，于往后修行中，应当常怀惭愧之心，生恐怖自责之心，悔改犯戒之心，护法持戒之心。发心建立正法幢相，为人分别解说持戒、犯戒、正法、邪法。佛说这种人没有破戒。若人犯了四重，并不觉得恐怖与惭愧，没有发露忏悔之意；于佛陀正法，没有珍惜爱护、建立幢相之心；于众人前经常毁訾轻贱三宝，言谈中处处说佛教的过失；更严重的还说没有佛法僧三宝的存在，或者藐视僧人在三宝中的地位。这些人名为断善根的"一阐提"之人。用什么方法，能使业果在现世就消除报应，而不要到来生去受果报？那就是如上面所说，毫无隐藏地发露忏悔，运用虔诚的心行供养三宝，经常自我呵责批评。以这样的善业，就能感得重业轻报的后果，如今世感得头眼等痛；或者应受横死重病，鞭打饥饿的，都能以忏悔的力量感得现世的轻报。如果不观身无常不净，不修戒定慧及不进行忏悔罪业的话，必定会增长地狱果报而轮回无期。

【评析】所谓的犯戒有两种情况：第一，说破为不破：虽然已经破戒了，但为对佛法有护教之心，对修行恋慕，不舍善业，为人分别解说持戒、犯戒、正法、邪法，这样善业力量超胜，不会感得来世恶报，佛说这样的人为不破戒之人。二、就坏法说为犯戒：已经破戒了，在谈论中，还是不顾及修持佛教的福德、智慧在生命的作用，经常宣说佛法中众多过失，佛说这样的人才是真是破戒之人。

《涅槃经》说："若不观身无常，名不修身。不观戒是善梯磴，名不修戒。不观心躁动制伏，名不修心。不观智慧有力能断，名不修慧。"

第二门　忏悔之法

▲事钞云："今忏悔之法大略有二：初则理忏，二则事忏。此之二忏，通道含俗。"

【今译】《行事钞》说："忏悔之法大略有两种：第一是理忏，二是事忏。这两种忏法，通于出家道众及在家俗众。"

▲事钞云："若论律忏①，唯局道众。由犯托受生②，污本须净。还依初受，次第治③之。"

【注释】①律忏：就是依声闻戒进行忏悔，这种忏悔法局限于受小乘教之人。这种忏悔法局限于出家五众，不通于在家居士。　②犯托受生：犯戒是依赖于现前的五蕴身心。　③依初受，次第治：资持释云"制中反成五局。言律忏者局小宗也、如文自述局道众也、托受生者局事行也、依初受者局现犯也、次第治者局名体也。上且分对、次释文相。初二句标局。言道众者总收出家五位。由下释局所以。文叙犯忏皆依本受、受是禀制、于制顺违遂成持犯、则彰律忏与经天别矣。初句示犯起之本、次句明制忏之意。还下示立忏之法。"见事钞记卷二十八。

【今译】《行事钞》说："如果就戒律所常行的忏悔来说，只局限于出家五众。为什么呢？由于犯戒必须依托事缘而成犯的，有犯就染污了戒之根本——戒体，这样就应该忏悔恢复清净戒体。所用忏悔方法，还必须依照当初，依佛制而受戒，也应依佛制而进行次第的对治忏悔。"（或者可译为：还是依照最初依何种律受戒，即依何种律的忏悔法进行次第的对治。）

第一章　理忏

第一节　理忏名义

△事钞续云:"理据智利[1]。观彼罪性,由妄覆心,便结妄业[2],还须识妄,本性无生[3]。念念分心[4],业随迷遣。"

【注释】①理据智利:至于理忏,是就善根深厚的利智之人来说。　②妄业:所造之业是由妄想分别等条件组合而成,它本身没有固定不变的"业",所以才说它是虚妄不实之业。　③本性无生:业,在结业之前它是由心境等条件组合而成的;结业之后,它还要经因缘的分离而受报,之后它又在无常而不断地组合着。由于这样,所以说它是无自性,无自性就是空,空就是无生。　④分心:分是分辨,就是观照。

【今译】《行事钞》继续说:"理忏是根据智慧利根之人来说。运用观慧推求罪业本性,是由于妄想覆盖了我们的清净心,即便结起妄业,这时我们还须认识业的虚妄不实,业的本性不是固定不变的、是因缘组合而无自性的,无自性就是空,空就是无生。于念念心中自我观照、分辨,这样所谓的罪业就能随着我们迷惑的遣除而得消亡。"

▲事钞云:"言理忏者,既在智人,则多方便。随所施为,恒观无性[1]。以无性故,妄我无托。事非我生,罪福无主。分见分思[2],分除分灭[3]。如人醒觉,则不眠醉。"

【注释】①无性:即是性空的道理。　②分见分思:见是通达空理,思是见理起修。就修证的位次来说,这种是内凡的位置。所谓的内凡:未得真实证果来说,总名凡夫,此中分内外二种。得似解之位为内凡,未得似解之位为外凡。以五停心、别相念处、总相念处之三贤位为外凡。软、顶、忍、世第一法之四善根位为内凡。　③分除分灭:除是能观的智慧,灭是所观的业。这种是初果以上的圣人位置。

【今译】《行事钞》说:"所谓理忏,既是智慧之人,就能运用种种方便。随于生活的修行、应对作为,应当恒常观察一切是因缘和合而无自性。由于无自性的原故,虚妄之我就没有了依托。既然无我,种种事端烦恼并不是由我而生起,或罪或福就没有了可以依靠的主体。通过这样的思维观察,就能一分一分地证见真理，一分一分地灭除烦恼。就像醒悟之人，不再迷惑颠倒了。”

【评析】理忏灭罪的原理：世间业因业果的形成都是由我生起，我就成了业的主人。通过因缘和合无自性空理的观察之后，所谓的我就没有了依托，由此所造善恶业果并不是由颠倒的我而生起，这样妄业没有了依托，即能除灭烦恼证得空性。

第二节 理忏三观

▲事钞云："然理大要，不出三种。"

《资持记》说：佛教的原理其实只有一个，但依权实来分别，性空与相空属于权设，唯识属于实理。如果就大小来分，性空属于小乘，相空的小菩萨与唯识属于大乘，但最终都要统一于实相之理。如果对三宗来说，性空属于小乘，唯识属于大乘，而相空能通于大小。

以下三观，运用智慧而随事进行观照缘念，则无非不除、无罪不遣。

△事钞续云："一者诸法[①]，性空无我[②]。此理照心[③]，名为小乘[④]。"

【注释】①诸法：诸法二字是总包了一切。在诸经论中，或约依正因果、或世出世间、或有漏无漏、或色心非色心、或善恶无记、或阴界入等，都是诸法的范围。今就忏悔来说，是指罪业为所观境。　②性空无我：这句即能观智，罪从缘生而有，它本来就没有固定不变的自性(缘即是心与境，心与境和合即成为了罪业，因为是因缘和合，所以业性的当下自然是空的)。众生由于执着计度它的实有而导致了生死轮转，但只要通达了它是虚妄计执的话，自然就觅罪不可得，不可得之处勉强立名为“空”理。　③照心：观照自心。　④小乘：包括声闻和缘觉。他们所修学的依据虽然有四谛与十二因缘的不同，但论到断证，同样证得空理。

【今译】《行事钞》继续说：“一者，一切诸法皆是性空，没有不变的主宰者。以此空理观照自心，名为小乘(此就唯见空理，未有起修的行者而言，而权设立小乘之名)。”

△事钞续云："二者诸法，本相[①]是空，唯情妄见。此理照用[②]，属小菩萨[③]。"

【注释】①相空：彻见诸法没有不变的事相。犹如幻化一般，但暗昧之人以为是真实不虚；也像空华一样，有眼病的人以为是实有。所以才说那是因为众生的虚妄所见所导致。　②前面所说的照心，是二乘住于寂灭未能起用，只是照心而已。这里所讲的是菩萨运用相空智于事相中进行照用（于实际中进行修习实践），所以立此相空观，以空诸尘境。　③小菩萨：虽发大心，但未能穷尽心性的根本。因为都是观于空理所以是小，但毅志却仰慕佛乘所以说是菩萨。如果对应三宗的话，即相当于四分律。”

【今译】《行事钞》继续说：“二者，诸法本来事相是空无自性的，只因有情虚妄之见的执着，以为有不变的自相。能够以此相空之理观照运用，是小菩萨。”

△事钞续云：“三者诸法，外尘本无①，实唯有识②。此理深妙，唯意缘知。是大菩萨③佛果证行。故摄论云，唯识通四位④等。”

【注释】①外尘本无：外尘指一切境界。本无有两种意义：一者境即心，由于心的分别才有境界原故；二者虚妄见故，都是虚妄见所认为故。　②实唯有识：言唯则是遮遣外境的意思，言识则表示只有内心。　③大菩萨：初地以上的。　④唯识通四位：摄五十二位为资粮、加行、见道、修道四位。《摄论》云：一切法以识为相，真如为境（境即是体）。依此境界，随心信乐，入信乐位（合资粮、加行二位为信乐。此收加行信、住、行、回向四十位）。如理通达，得入见位（即初地也）。能对治一切障，得入修位（二地至七地）。出离障垢，得入究竟位（八地至佛地）。初资粮位所修名影像唯识（我们所认识的一切，即是识的影像），后三所修名真唯识。

【今译】《行事钞》继续说：“三者，诸法外尘原本就不可得，实唯有识而已。这样的道理甚深微妙，唯有心意才能缘念了知。这是大菩萨及佛的果位的行证。所以《摄论》说，唯识通于资粮、加行、见道、修道的四位。”

【评析】唯识宗将大乘菩萨的修道阶位分为五等，即：

一、资粮位，即含摄有漏善以达佛果之位。指十住、十行、十回向等诸位菩萨，以福德智慧为助道资粮，故称资粮位。十住、十行、十回向之菩萨阶位又称大乘三贤位。其中，十住偏重修理观，十行偏重修事观，十回向多修理事不二观。此类修行称为大乘顺解脱分，虽已能断除分别二执之现行，然对于能、所取之种子依旧潜伏未除，此系唯识五位中最初伏障之阶段。

二、加行位，指四加行（暖、顶、忍、世第一）位菩萨，由得福智资粮，加功用行而入见道（欢喜地），住真如位，称为加行位。即于资粮位所积集之善，更进一步为得无漏智而加力修行之位。此位能达“无二我”而“有二无我”之境界，然心中仍变带“如相”现前，故仍非实住之唯识境界，称为大乘顺抉择分。

三、通达位，又作见道位。初地菩萨体会真如，智照于理，得见中道，故称通达位。即证得初无漏智，并体得真如理之位。此系修行第一大劫之成熟阶段，相当于初地之入心，故又称见道位。

四、修习位，又作修道位。指二地至十地菩萨，得见道已，为断除障，复修习根本智，故称修习位。即于通达位证得真如理，再反覆修习之位。

五、究竟位，指妙觉佛证此果位，最极清净，更无有上，故称究竟位。即指佛果之位。见《成唯识论》卷九。

第二章　事忏

△事钞续云：“若论事忏，属彼愚钝。由未见理，我倒常行，妄业翳心[①]，随境缠附，动必起行，行缠三有。为说真观，心昏智迷。止得严净道场，称叹虔仰，或因礼拜，或假诵持，旋绕竭诚，心缘胜境。则业有轻重[②]，定不定别[③]。或有转报，或有轻受。并如佛名方等诸经所明[④]。”

【注释】①翳心：翳是遮盖的意思，就是烦恼遮盖了能够转凡成圣之动力的心。　②业有轻重：就过失来说，五逆、谤法、用僧物等为重，其余的为轻。又凡造罪时，具足初中后三时，三时都起猛利之心为重，或二时一时为轻。　③定不定：定不定还是简别重业、定业、极重之业，这些业纵然忏悔，也没有办法消除根本，果报不亡依然要受。不定业是比较轻的业，或者忏悔力度诚恳，是可以转变的。　④方等诸经所明：《虚空藏经》、《占察经》等都有说明忏悔的方法。如果依照道宣律师，忏悔时要具备五个条件：一请佛菩萨为证，即奉请众圣也。二诵经咒即诵讽咒，三说己罪名即说忏悔，四立誓言即今发愿，五如教明证。

【今译】《行事钞》继续说：“如果论说事忏，是针对那些比较愚钝的行者来说。因为他们没有见到性空实相真理，于修行中经常受到颠倒我执我见的影响，造作了许多妄业而障覆心性，牵缠附拥于各种染污境界，若有动念、动作必定摄入心性之中形成业力，进而缠绕于三界轮转而无法停止。由于愚钝行者心智昏迷的原故，如果宣说真正理观，他们无法领会受用。所以只得于庄严道场，以虔诚心行来仰慕圣容称叹功德，或者礼拜或者持诵经咒，或者竭诚旋绕，一心缘念三宝及殊胜的坛场胜境。由于业有轻、重、定、不定之别，或者转重报为轻报，转重受为轻受等情况，因此要忏除这些业力果报的话，就要依照《虚空藏经》、《占察经》、《佛名经》等大乘方等诸经所说明、指导的方法进行诚心忏悔。"

【评析】如《羯磨疏》所提示的忏悔须具五缘：

一、请众圣，即请佛菩萨为证也。

二、诵经咒，即讽诵经咒。

三、说己罪，即说忏悔。

四、立誓言，即今发愿。

五、如教明证，即今求相简择邪正。

今据上段《资持》释业，有轻重定不定别，或有转报，或有轻受。《钞》文之义，并会通《业疏》四句，列表如下。其中依《业疏》增入者，上下用()记号

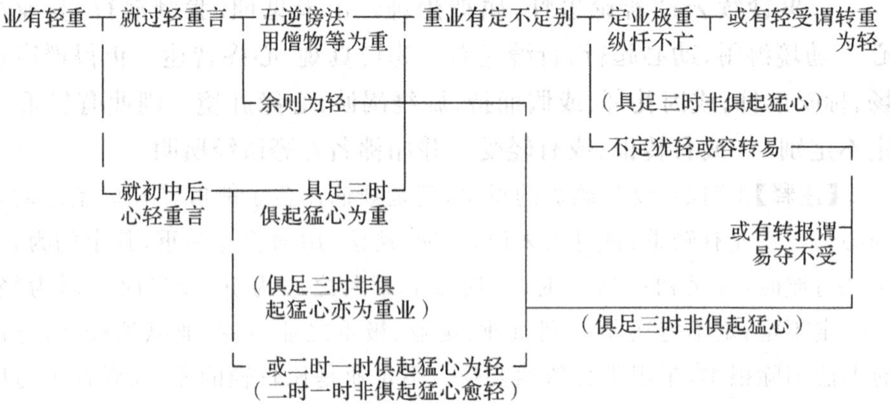

初中后心三时者，谓方便时、根本时、成已时。猛重心相者，谓方便举尤害心，根本起尤快心，成已起随喜心。其中轻重有无，列示句数。如前持犯篇，持犯总义，辨犯优劣章，单心辨犯及有心无心辨犯二节广明。宜检阅之。

《业疏·释忏六聚法篇》，引他解中，分列四句，至为明晰。今准其义，附列表如下以资参考。文见《业疏记》卷二十二。

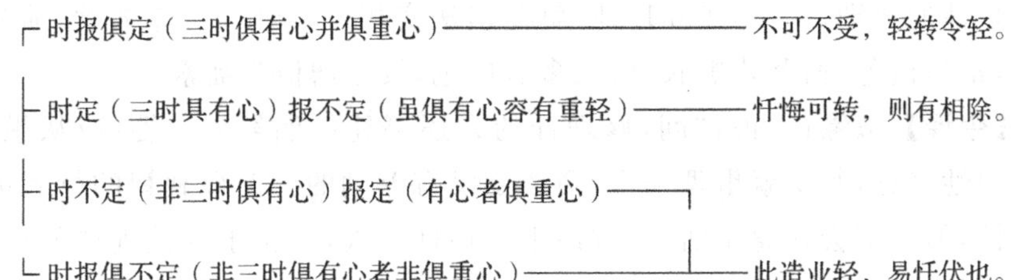

元照律师在《资持记》里面说：现在（宋朝时候）有许多愚痴之人，错解了佛法。都以为理观是寂静冥然而没有任何思维，内心中空空如也没有摄取法理以为依止；不取理性不舍烦恼、能观之心所观之理都迷糊不清。以为顽无思维、寂而不动就是佛法的真如境界，放荡身形、任由情感，以为就是佛教所说的妙用了。由此不拜佛像不读佛经，毁戒破斋、喝酒吃肉；还厚颜无耻地夸耀言说这就是修行大道，并且以此谬解传播他人。由于之间恶习相投，大多都相继模仿。这是没有任何经典根据的凡夫虚妄测度、颠倒论说。哪里知道，如果真正通达圣法则一切皆是真如实相，何妨持戒；了知真如体性即能起用，怎么会妨碍修行？其实悟理则万行都能同时起修，涉事则一毫不落于烦恼执着。自心不能通达鉴别，其余还有什么可说呢？

第三章　理事平等

▲济缘云："问，修理忏人须礼诵否？答，愚智两分，事理无二。上智达理不碍修行，中下昧空①，故存渐诱。应为四句，总摄群机：一得理失事，一心禅观，外阙庄严②，如有目无足，不能前进。二逐事迷理，计功分课，不了缘生③，如有足无目，不知所从。三事理双运，目足相资，万行圆修，必至彼岸。四理事俱昧，盲而无足，愚痴惰慢，终无出期。是知理事各立，未免偏邪。空有一如，是真修习。故曰：实际理地④不受一尘，佛事门中不舍一法。诸佛菩萨历劫熏修，华竺祖师终身苦行。此理深密，何可尽言。略示大途，粗分缁素⑤耳。"

【注释】①昧空：修理忏观空之人，只谈空理，不务实修，以为通达空理就能一切成就，这样的人就称为昧空。　②外阙庄严：修理忏之人，只知道内观修习，缺少引导大众趋向真理的生活事相庄严。如只提倡空理的理解，不运用坐禅、念佛、洒扫、待客、文化、哲学等方面的方便进行接引。　③计功分课，不了缘生：用功过程中，执着于功课数量的多少，不真正去了解诸法缘生无自性的道理。 ④实际理地：就是诸法实相或真理。 ⑤缁素：缁是紫黑色，素是白色，僧著紫黑衣，俗人多著白色，故号僧俗为缁素。

【今译】《济缘记》说："问，修理忏的人还要礼佛诵经吗？答：应从愚、智两种根性来分，其实就事理来说，两者是没有差别的。上根利智的行者能通达理性，但也不会妨碍生活的事修；中下根性之人，停止于空性理体的认识，不从事修，所以还是要渐次地进行诱导。应用《四料简》来总摄众多根机：一、得理失事：了知理体无误，但不注重事相的修证，就是一心禅观理体，缺少外相事修的庄严过程，如有眼目而没有双足不能前进；二、逐事迷理：追逐应付于事相，而迷失了能够指导事修的理路，如执着于计算功课的数量多少，不能了知缘生事物的无自性，譬如有足而没有眼目，虽有进修而无目的，导致无所适从。三、事理双运：就是理观、事修同时进行，这样就形成了眼目与双足相互支持配合，于诸多行门都能圆满地进行修持，这样最终一定能够到达解脱的彼岸。四、理事俱昧：就是迷昧空理，无有事修，譬如盲人又加上没有双足，既缺方向又没有前行的动力，既愚痴又懒惰傲慢，这种人根本没有机会出离生死。由此可以知道，理、事各立必定落于偏邪，如果能够做到空、有一如的话，那才是真正的修行者。故此说：实际理地不受一尘，佛事门中不舍一法。诸佛菩萨，用历劫时间来修证此事理；中国天竺诸多祖师，以终身不变的行持进行苦苦的修行。此事此理确实深妙奥密，无法用语言尽情地表达，现在只能约略地来提示其中的大概而已。"

【评析】通过以上四种分类，我们可以看出各自的特点，同时也看出统摄运用的重要性，现在就第二项："逐事迷理，计功分课"来简单地分析一下。于理悟事修不能双运的话，就会出现两种不良后果：一、对于佛学的基本原理、修学要领不能了知，于生活中只要碰到关于"佛"的事情，就不分邪正地趋之若鹜，结果不是身心疲惫，就是失望而归；不是退失信心，就是装神弄鬼。二、于师父或自己所订立的功课数量，执着不变，以为达到多少的数量，就是修行的最终目的。不知道应该从有数逐渐进入不计数量，从事相逐渐进入内心——从量度到质变，尔后以心意来统摄理事。当然，初学者在初期的一段时间内，还是要有一定的数量来熏陶改正自己较重的习气。所以，不能以数量为第一，但要有一定的数量作为策励。

威仪别行篇

作为学佛居士，必须经常来到寺庙礼佛拜佛，请求加持并得到生命的提升；必须经常亲近僧宝大众，不断了解佛法教义。于其中间当然要熟悉了解礼佛拜佛、行住坐卧、言谈举止的相关威仪。如果能够展现威仪庄严，则佛法的幢相也就不会失去了，自身受用将会大大增进。

第一门 敬佛仪相

第一章　先示敬仪

▲事钞云："若塔庙支提[①]受用之物，乃至拟[②]造堂殿床座材石等，已经佛像受用[③]者。纵使风吹雨破，当奉敬之如形像无异。故四分中：王以园施佛[④]。佛不受，当令奉僧。何以故？若佛园及园物、房舍、房舍物、衣钵、坐具、针筒，便是塔庙。一切诸天世人，沙门魔梵不能受用，应恭敬如塔。若施僧者，我在僧中。"

【注释】①支提：积聚之义，以积聚土石而成。翻译成中文为灵庙或佛塔的意思。　②拟：准备。　③佛像受用：受用就是享用，即所做的庄严品（如灯、油、蜡烛等）是为了庄严佛像，为佛像使用而做的，这些物件不能出卖或交换。　④王以园施佛：就是摩揭陀国瓶沙王，以竹林精舍供养佛陀。

【今译】《行事钞》说："如果是佛塔、寺庙受用之物，乃至准备用来建造佛的堂殿、床座的石材、木材等材料，这些已经属于佛像所受用，纵然被风吹雨打、破烂不堪的，也还要像恭敬佛像一样的来恭敬。所以在《四分律》当中说到：瓶沙王以花园来供养佛陀，但佛陀不接受，叫他供养给众僧。为什么要国王供养给僧众呢？佛说：如果属于佛的花园，以及园内的物件、房舍、房舍物品、衣钵、坐具、针筒等一切都如塔庙一样的神圣不可侵占，一切天人、世人、沙门、天魔、梵天等都不能使用，都必须恭敬得像待塔庙一样。如果布施给僧众，我是僧人之一，我在僧数当中，这样我及僧众都能受用。"

【评析】这段话告诉我们，凡是供养佛的物品，都不能移作其他用处，不能出卖或交换，否则犯盗；而且还要恭敬得与佛陀一样没有差别。所以佛陀慈悲，告诉我们解决这样一个难题的办法：就是一些物品能够佛、法、僧共用的情况下，尽量以三宝物来供养，这样不但属于“僧数”的佛陀自己能够受用，而且大众僧人也同样可以受用。否则，如果直接使用的话，就有很大的过失。由此可以知道，居士在供养物品或金钱时，如果能够共通于佛法僧的话，尽量以共通为好。如果能够共用的物件而局限在某一范围内，这样，其他部门去使用时就会得罪。当然，最终还是以施主的心愿为主。

△事钞续云：“增一[①]云：告诸比丘，礼佛承事有五功德：一者端正，以见佛像发欢喜心。二者好声，由见形像，口自称号：南无如来无所着至真等正觉[②]。三多财报，由以華香供施故。四生长者[③]家，由见形已，心无染着，志心礼故。五命终生天。此即诸佛常法[④]，当如是学。”

【注释】①增一：是增一阿含经。　②南无如来无所着至真等正觉：南无是归敬、度我、皈依的意思。这是佛的德号。　③长者：为家主、居士之意。印度当时有德、有财的人物为长者。　④诸佛常法：就是十方诸佛都统一的、普遍的、实际的、不变的一种教化众生方法。

【今译】《行事钞》引《增一阿含经》说：“佛告诸比丘，虔诚礼拜、恭敬承事佛或佛像，必能感得以下五功德：一者，相貌端正，由于见佛心生大欢喜之故。二者，音声好妙，由于见到佛像口中称念‘南无如来无所着至真等正觉’的原故。三者，多财报，由于平时以香花供养布施的原故。四者，出生在长者家，由于见到庄严的佛像，心中没有染污之念，志心礼拜的原故。五者，命终生天，死后能够往生天上。这些即是十方诸佛常行教化之法，我们应当用心去学习与实修。”

【评析】这五种功德，其实就教导我们到达寺庙或礼拜佛像时，所应有的威仪与态度，而且这是诸佛教化众生基本而不变的教法：一、端正，见到佛像要有“难遭遇”想，首先就是欢喜，而后恭敬礼拜。在一定的因果原理上说，能够相由心生，心生欢喜相貌当然也就端正了。譬如现在有些宗教人士，只认为他信仰的宗教是唯一可取的，其他的宗教、传统文化就一文不值，他们看祠堂、看寺庙、看道观、看戏台、看过路亭、看神庙、看佑福宫还有亭台楼阁等等这些建筑物，都万分恼怒与讨厌，心起恶念，口出恶语，恶行相向，谩骂神明唯恐不毒不刻薄，结果好好的一张庄严的脸，变成满脸横肉，行为也极为诡异小气。二、好声，到寺院要以护持、静心、念佛、学法为目的，这样自然感得微妙好声。寺院不是在家居士论谈聊天、分别是非的地方。三、多财，根据自己的能力，以香花供养三宝，就会得到多财大富的果报。俗话说："世间财物生不带来，死不带去。"既然是这样，为了提高自我人生价值，扩展自己心胸，也应该做一些财富的布施，学会"运用财物而不恋着"，这样才不会愧对佛陀所说的"布施度"的意义。当然对于财物比较缺乏的信众来说，也要认识清楚：来寺院不要为没钱而烦恼。记住，寺院是念佛、静心的场所，不是银行，不是非得有钱才能来。四、生大富人家，佛像、菩萨像是清净、觉悟的象征，来到寺庙自然要接受这方面熏陶，来生必定感生大富人家。五、生天果报，在前面四者因地修行之后，最终会感得生天乐果。

△事钞续云："智论。礼法有三：一者口礼①。二屈膝，头不至地。三头至地、是为上礼。地持，当五轮②至地作礼。阿含云：二肘、二膝、顶，名轮也。亦云五体投地。先正立已，合掌③，右手褰衣④，屈二膝已，次屈两肘，以手承足⑤，然后顶礼。后起顶头，次肘，次膝，以为次第，不相乱也。"

【注释】①口礼：言相问讯、赞叹。　②五轮：五体的别名，四肢及首名为五体。人的两肘、两膝和头部等五处都作圆形，所以叫做轮，这五轮着地作礼，叫做五体投地，是表示最尊敬的意思。　③正立、合掌：正立是收摄身形威仪，合掌是安定心想、心念。　④褰(qiān)衣：提起、揭起。　⑤手承足：舒展两手掌，在意念中仰手承接佛陀两足，以我们最尊贵的头、手来接触佛陀的双脚，表示恭敬到了极点。

【今译】《行事钞》引《大智度论》继续说："礼拜有三种。一口礼，就是口头语言的问讯称赞。二屈膝礼，屈双膝跪地，但头没有到地。三五体礼，头至地，这是最上最虔诚的礼敬了。地持经说，应当五轮至地作礼。《阿含经》说，二肘二膝以及头顶，名为轮，也叫五体投地。他的礼拜方法是：先正立、合掌，右手撩衣、屈二膝，次屈两肘，展开手掌，在意念中以手承接佛陀两足、然后顶礼。起立时先头、次肘、次膝、以为次第。"

△事钞续云："智论云：若闻诸佛功德心敬，'尊重恭敬赞叹'。知一切众生中，德无过上，故言尊也；敬畏之心，过于父母师长君王，利益重故，故云重也；谦逊畏难①，故云恭；推其智德，故云敬；美②其功德，为赞；赞之不足，又称扬之，为叹。又云：植佛福田者，植谓专心坚着也；随以一善，礼诵香华等，至佛无尽③。由智胜故。"

【注释】①畏难：自觉惭愧而有所畏惧。 ②美：言语赞美。 ③至佛无尽：因地所行的礼诵香华等善行，用来礼敬佛陀的话，这种善行将永远无尽地存在。

【今译】《行事钞》引《大智度论》继续说："如果听闻到诸佛功德，就应生起敬意而尊重恭敬赞叹。所谓的'尊重恭敬赞叹'的意思是：要知道，于一切众生当中，谁的功德都无法超过佛陀功德，所以说尊；于佛像前我们应生敬畏之心，而且这种敬畏是超过父母、师长、国君的，因为他利益一切众生的能力特别强大，所以说重；我们面对佛像要生谦逊惭愧畏难之心，所以说要恭；推求、议论佛陀的智慧德能，是无能过上，所以说敬；赞美佛陀的功德为赞；称赞还不能说尽佛陀的功德，还要四处地称扬、宣传为叹。又说：所谓的植福田，植是专心与坚持不变的意思；随做一善如礼拜、诵经、香花供养等，用来礼敬佛陀的话，这种善行将永远无尽地存在。这是由于佛陀智慧超胜无上的原故。"所以，《法华经——方便品》里面说到"若人散乱心，或复小低头，一称南无佛，皆共成佛道。"为什么，这么小的一个动作，在将来能够成佛呢？就如这里所说："随以一善，礼诵香华等，至佛无尽，由智胜故。"

△**事钞续云："毗尼母**①**。不得着革屣**②**入塔绕塔。富罗**③**不得入塔者，彼土诸人，着者皆起慢心**④**，故不听着。寒雪多处，听着靴富罗。三千**⑤**云：绕塔法，一低头视佛，二不得蹈虫，三不左右视，四不唾地，五不与人语。又当念佛，恩大难报，念佛智慧，念佛经戒，念佛功德，念佛精进乃至泥洹。又念僧恩、师恩、父母恩、同学恩。又念一切人，皆使解脱苦。又念学慧，除其三毒，求出要道。见塔上草，念**（可能通"捏"）**手去之。有不净，即分除之。若天雨，当脱履塔下，乃上礼佛。"**

【注释】①毗尼母：经名，此经能灭憍慢解烦恼缚，能使众生尽诸苦际毕竟涅槃，故名母经。毗尼者，名灭，灭诸恶法，故名毗尼。母经义，母经义者，能决了定义不违诸经所说，名为母经。 ②革屣（xǐ）：皮制之靴（长筒的鞋）。 ③富罗：短靿（yào）靴，深至脚踝（huái）上。 ④着者起慢心：西竺之人皆以光脚入佛场所为尊敬；再者，如果穿鞋进入殿堂那是傲慢的表现。所以不得穿着任何长、短或皮、布之类的鞋进入佛堂。但在我们中国却是以穿着整齐、洁净为最恭敬。 ⑤大比丘三千威仪经：后汉安息国三藏安世高译。本经主要说明一个比丘于生活中所应行持的威仪细则。

【今译】《行事钞》引《毗尼母》说：不可穿着长皮靴进入佛塔以及绕塔。

也不可以穿着短鞋入塔，因为在当时印度人们穿着这样长靴，都会生起傲慢之心，所以不允许穿着；当然在寒冷边国地带，佛还是允许弟子穿着这样的长靴，这样可以保暖；再者在当时印度，都以赤脚礼佛为敬，而在我们中国则是以穿鞋带袜为敬。《大比丘三千威仪经》说：绕塔方法有五种：一、低头视佛，降伏傲慢心故；二、不得踩踏小虫，慈悲心故；三、不左右视，不生轻掉之心故；四、不以痰唾地，保持佛塔清洁庄严故；五、不与他人说话，以免嘈杂不静故。塔上有草即时除去以增福报，塔上有不净物要即时扫除，天下雨应当脱鞋放在塔下以免泥土污塔，然后上塔礼佛。又，在绕塔的同时，应当念佛大恩难报、念佛智慧、念佛经戒、念佛功德、念佛精进乃至念佛泥洹。又应当念僧恩、师恩、父母恩、同学恩。又念一切人、皆使解脱苦。又念学慧、除其三毒、求出要道。

念佛恩者，佛于无量劫来为度我等，为求菩提不惜身命故；念佛智者，以不可思议权巧方便来度众生故；念经戒者，三藏教法能够开发我等智慧故；念功德者，佛威神相好无与等故；念精进者，于大地间没有一芥子地不是佛陀精进舍身处；念泥洹者，佛示现灭度是为了使令诸多众生生起追思仰慕而勤修解脱故。念僧恩者，僧是福田；念师恩者，师则不断摄持诱导令学佛法故；念父母恩，父母生育我等躯体，才得以出家学道；念同学者，于学习中同学相互琢磨激励增上故。这些于我们都有恩德，所以都要思念报答。进一步要常念一切人，念学智慧的自利利他之心。

【评析】在念佛恩、法恩、师长、父母恩时，大家都能生起感恩念恩的心理，在近一二十年当中，有一部分的居士对于念僧恩的概念，比起以往下降了很多，傲慢心生，不近寺庙，脱离僧团，其原因不外乎以下几点：一、受到个别法师的片面批评僧团影响。某些法师在公共场合，批评僧人的缺点唯恐不及不深。他忘记了自己也是“人”，同时也忽略了我们是正在修学的“人”而不是圣人。二、不知人性是善恶和合体，在修学份量达到一定程度时，他的优点肯定多于缺点，反之他的缺点一定多于优点。三、对于僧人在佛教传播过程中的贡献故意避而不谈。我们来简单看看：①中国佛法之所以能够传承到现在、传播到东南亚及现在欧美等国家，这与印度祖师“为法舍命”的万里传播与中国大德“为法忘躯”的千里取经，有着不可替代而直接的关系。如历史上法显法师、玄奘法师、义净法师、鉴真法师等不胜枚举。唐朝义净法师所写的“求法诗”就足以证明唐代僧人在取经过程中的苦难日子了：

“晋宋齐梁唐代间，高僧求法离长安；去人成百归无十，后者安知前者难。

路遥碧天唯冷结，砂河遮日力疲殚；后贤如未谙斯旨，往往将经容易看。”

还有唐代大诗人王维的诗：

“劝君更尽一杯酒，西出阳关无故人。”（阳关：中国古代陆路对外交通咽喉之地，是丝绸之路南路必经的关隘。位于甘肃省敦煌市西南的古董滩附近。西汉置关，因在玉门关之南，故名。和玉门关同为当时对西域交通的门户。宋代以后，因与西方和陆路交通逐渐衰落，关遂废圮。）

②佛法进入中国后，多少祖师大德为了佛法能在这样一个国度里扎根生长，其中与当时统治者、其他宗教不知进行了多少场次的辩论、抗衡或者让步。③为了佛法能够具备中国特色，能够让中下人群接受、修持，从佛法传入的西汉末起，中间经过魏晋、南北朝、隋、唐、宋、元、明、清乃至到近代的许多高僧放弃个人享清福的机会，独自隐入山林，孜孜不倦地研修佛典几年或者长达几十年之久。④历代祖师对佛教的重大贡献，除了在经典义解上有圆满的解说外，更有了对佛法的全新体会——开悟。⑤就现代汉地法师来说，如圣严长老，如星云大师、证严上人、界诠法师，还有我们不认得的隐身修道者，都值得我们尊重与请教。⑥在现实生活中，我们当中如果遇见不顺心、忧恼事时，如果有机会与法师沟通，得到法师的开示或者到寺庙拜拜佛，我想你们的压力肯定会减轻的，我们的烦恼也会放下的。⑦僧者，是众生福田，乃至是出离道上唯一的引导者，僧者，有凡夫僧，有贤圣僧。由此可知，应当常念僧恩。

△事钞续云：“五百问[①]云：比丘绕塔，女众随者，不得；有优婆塞，不犯。大论：如法供养法，必应右绕。善见云：辞佛法，绕佛三匝，四方作礼而去。合十指爪掌，叉手于顶上，却行[②]。绝[③]不见如来。更复作礼，回前而去。”

【注释】①五百问：全名是《目连问戒律生五百轻重事》，全一卷。又作五百问事经、五百问。记述佛陀答目连所问末世比丘违犯戒律罪报之轻重。共分十八品。注释书有明代永海之《目连五百问戒律中轻重事经释》二卷，及性只著述之《目连问戒律中五百轻重事经略解》二卷。 ②却行：后退行走。 ③绝：就是看不到为止。

【今译】《行事钞》引《五百问》继续说：“比丘在绕塔时，女众不能跟随在后面，以免让人误解讥嫌，如果有男众居士一起则没事。《大智度论》说：如法供养的方法是必须右绕佛塔，右绕佛塔是吉祥绕，可得种种功德利益；左绕则意义相反。《善见论》说：告辞佛陀的法式：一、绕佛三圈，二、于四方向佛礼拜后起身，三、双手合掌放到头顶上缓缓退步，四、后退到看不到佛陀处时再行礼拜，然后后转而去。"

第二章　正明敬相

第一节　批评非法

▲事钞云："佛像经教住持灵仪①，并是我等所尊敬，则至真②齐观。今多不奉佛法。并愚教网③，内无正信，见不高远，致亏大节。或在形像之前，更相戏弄，出非法语。举目攘臂④，偏指圣仪。或端坐倨傲，情无畏惮⑤，虽见经像，不起迎奉。致令俗人轻笑，损灭正法。"

【注释】①灵仪：神灵或圣贤的图像。　②至真：如来离一切之虚伪，故名至真。　③教网：这是一种譬喻，众生譬如鱼类，佛的教法譬如丝网，意思是说，用佛法教网，教导众生出离生死。　④攘臂：捋起袖子，露出胳膊。⑤惮(dàn)：畏惧、畏难。

【今译】《行事钞》说："佛像经教是住持佛法的无上灵妙仪相，也是我们末代行者所应尊敬的，佛像、经教乃至真无上之法物，都必须生起'见像如见真佛、翻转经教如亲闻法音'的无差别恭敬态度。今时(唐朝时候)多数僧俗不信奉佛法，还有更严重的对教理愚钝不通，内心没有正信、没有远见，致使礼度丧失而亏失佛教正面形象。或者在菩萨佛像之前戏弄玩笑、言谈非法语言，举目张扬、揎袖出臂。偏颇评论指责圣像灵仪。或者傲慢端坐无所忌惮，虽然见到经像却不起身奉敬迎接。致使世间俗人轻慢嘲笑，正法也就随之损坏毁灭了。"

△事钞续云："故僧祇中：礼人不得对于佛法①。乃至悬施旛盖，不得蹈像，别施梯橙。以此文证，明敬处别。既知多过，弥须大慎。至堂殿塔庙，如履冰临深②，睹形像经教，必慑然加敬。此则道俗通知奉法，贤圣达其信心。且如对王臣令长③，事亦可会。凡情难任④，圣法宜遵。"

【注释】①礼人不对佛法：礼拜法师时，不能对着佛像、经典礼拜。为什么呢？在佛法僧三者前，佛与法是排在前面，僧众是排在第三位，所以礼拜时要有区别的。 ②履冰临深：如临深渊，如履薄冰，进入寺庙佛殿，我们要有"踩在深渊边上、踩在薄冰上面"一样的谨慎态度，不敢轻举妄动。 ③令长(cháng)：秦汉时治理万户以上县者为令，不足万户者为长。后泛指县令。 ④任：信。

【今译】《行事钞》引《僧祇律》继续说："在礼拜师父、法师时，不得对着佛像、经典礼拜；乃至给殿堂悬挂幡盖时，不可踩到佛像，应该另外施设梯子凳子来悬挂。由此证明，尊敬的对象是有所区别。既然知道有许多过失，就要特别谨慎小心。到达殿堂塔庙，我们都应生起如临深渊、如履薄冰的恭敬之心。瞻仰佛像经教，必须肃然起敬。由此，道俗都会知道奉敬之法，贤圣自会感应而使信心增上。对待佛像经教，就好比面对帝王、大臣、官员一样不敢怠慢不敬。凡夫的性情是无常不定、不可信任的，佛教的圣法仪则是有章可循的，我们应当去遵守实行。"

第二节　坐立差异

▲事钞云："智论云：外道是他法，故轻佛[1]，来至佛所自坐。白衣如客[2]，故命坐。一切出家五众，身心属佛[3]，故立；若得道罗汉，如舍利弗等，皆坐。三道[4]已下，并不听坐：以所作未办[5]，结贼[6]未破故。"

▲事钞又云："十诵、得对佛跏趺坐。"

【注释】①外道他法：佛教之外的宗教，他们的修学方式是心外求法，他们自以为有高胜之法。 ②白衣如客：这是对那些还没有皈依的社会人士而言，他们既然不是佛教内部人员，他们也就不知道佛教的规矩，对待他们当然还是以客人身份来接待，所以白衣如客。 ③五众属佛：出家五众都是佛弟子，身心的修正都要依靠佛的教化才能完成，所以来到佛所只站不坐。 ④三道：就是三果罗汉：初果须陀洹，二果斯陀含，三果阿那含，四果阿罗汉。 ⑤所作未办：四果以下，所应断除的烦恼之事还没承办，没有断尽。 ⑥结贼：结是烦恼的别名，因烦恼能为害智慧，故喻之为"贼"。

【今译】《行事钞》引《大智度论》说："外道所信奉的是他们自己的法则，来到佛的处所，自然表现出轻慢不敬的态度，没经佛请他们就自己坐下。社会白衣俗人来到佛所犹如客人，佛以客气口吻叫他们坐下。出家五众及皈依居士身心属于佛教，来到佛所是站立的。如果是得道的四果罗汉，譬如舍利弗等来到佛所，可以坐下。但三果及以下罗汉，都不允许坐下，因为他们所作没有彻底承办、烦恼没有彻底破除的原故。又引《十诵律》说：在佛殿可以盘腿结跏趺而坐，或瞻仰或想念或禅坐或诵经。”

第三节　修供时节

▲事钞云：“僧祇：佛生日乃至涅槃[1]日，为大众说法，称扬佛德。”

【注释】①涅槃：又作寂灭、灭度。有两种意思：一通常所说是往生的意思，二是烦恼完全除灭，达到无为自在、来去自如的状态，这有两种情况：一肉体还在，而烦恼完全消除，这是有余涅槃；二是烦恼已经断除，肉体也将消失，这种叫无余涅槃。

【今译】《行事钞》说：“《僧祇律》讲到，在佛陀的诞生日及其涅槃日，应该为大众说法、称扬佛陀功德。”

【评析】庆祝佛陀的节日有四个时间：圣诞——四月初八日，出家——二月初八日，成道——十二月初八日，涅槃——二月十五日。除此之外还有观音菩萨的三个圣节：圣诞——九月十九，出家——二月十九，成道——六月十九；阿弥陀佛圣诞——十一月十七日；地藏菩萨圣诞——七月三十日。等等这些日子，举行一些讲筵及供养法会，一方面以纪念、传承佛菩萨的恩德与文化，另一方面，也为来寺大众带去安心与轻松。

第二门　入寺法式

▲事钞云：“俗人士女入寺法。先出文意：息心静默，非喧乱所集；轨法施训[1]，岂漏慢所践。且心栖[2]相表，形异世仪；归奉凭趣，理存规则；故应[3]其俯仰，识其履行[4]；是敬事仪式，如法亲觐。岂可足蹈净刹，心形懈慢；非唯善法无染，故得翻流[5]苦业，可不诫哉！”

【注释】①施训：教化他人。　②心栖：心思栖隐存念戒律圣法。③应：合。　④履行：所作之事。　⑤流：坠落。

【今译】《行事钞》说：“俗人男女入寺法。先说明文章意义：进入寺庙庵院应该息心静默，不能喧哗纷乱地集合在一起闲谈世事；寺庙法师要依照戒律法规来训导他人，佛门律规不是有漏烦恼傲慢者可轻率践踏的。并且，世俗学人进入寺刹，心思应安住于戒律圣法，身形应展现清净的威仪幢相，与世俗间的礼仪自然是不相同；皈依奉敬的依据所在，应有法则制度。所以俯仰进退必须与法相合，所作事务必须提前认识。这种恭敬行事的仪式，也必须如法地亲自实行。怎么可以足踏清净梵刹，而心存懈怠傲慢。这样不但善法无所熏染，反而翻转坠落苦业之海。难道不值得大家去警戒吗？”

第一章　中国旧法

第一节　示正法

▲事钞云：“今依祇洹[①]旧法出。中国士民，凡至寺门外整服一拜，入门复礼一拜。安详直进，不左右顾眄。先至佛所，礼三拜竟，围绕三匝，呗赞三契[②]（若未见佛供养、设见众僧不先与语。）礼佛已。方至僧房户外，礼一拜。然后入见上座[③]，次第至下，各礼一拜。若见是非之事，不得讥诃。若发言嫌责者，自失善利，非入寺之行（僧中亦不可识，事似俗缺，检意则殊。今以俗情检道，意诚非易。若以见僧之过，则不信心生，生便障道，终无出期。）。且初入寺，背僧取异[④]，云何得作出家因缘。经云：夫入寺者，弃舍刀杖杂物，然后乃入。顺佛而行，不得逆行。设缘碍左绕，恒想佛在我右。入出之时，悉转面向佛[⑤]。”

【注释】①祇洹：就是祇树给孤独花园。　②三契：三遍。　③上座：在唐宋期间，禅堂大众无论老少都称上座。但依照《毗尼母论》所说：从无夏至九夏是下座，十夏至十九夏名中座，二十夏至四十九夏名上座，五十夏已去一切沙门国王所尊敬，是耆旧长老。　④背僧取异：背僧是对僧人生起不信任之心，取异就是求取议论僧人的过失。　⑤面向佛：意思是皈依佛教而不违背。

【今译】《行事钞》说：“现在依照印度祇洹精舍当时的旧法出此仪则。中国百姓学士到达寺庙时，先在门外整理衣服后一拜，进入寺门再礼一拜。之后就安详直进，不左右顾盼。先到佛殿礼佛三拜毕，然后再绕佛三圈，再以赞呗或偈颂方式来赞叹佛陀三次。（来到寺院，如果没有先见佛供养，即使碰到众僧可以暂时不先和他们说话。）等礼拜佛像完毕之后，再到僧房户外总礼僧一拜，然后入内见上座，次第一直到至下座，都各各敬礼一拜。如果听闻僧众有是非之事时，不可讥讽诃责。如果发言讥嫌责备，就失掉大好利益，这样做也不是去寺院正确的目的。并且初初进入寺门，对于僧众生起不信心理而求取他们过失，这样怎么能够做为以后出家的因缘呢？经典上说、入寺之人必须弃舍刀杖杂物，然后才能进入寺庙，顺佛而行不得逆行；如果有障碍物妨碍了左绕，也要想佛陀就在我的右边。进入出来都要面转向佛像而行。”

【评析】关于对僧人的评判或议论，依法理分析应该要知道以下几点：一、出家人毕竟是离俗的修行人，不管文化水平有或没有、高或低，他对佛教修行气息的传承，一定会比在家居士来得正统。二、我们要认识到出家人也是人，他们是正在修行中的人，既然是正在修行，清净与烦恼两者就会在不断博弈，有时清净相多，有时烦恼相多。三、在评判是非的时候，应以“护教心”去建议；如果有这种真实的护教心，所说的建议，不但能够增上僧团清净，对自己来说还能增长福慧因缘。如佛在世时的一些戒律，就是在在家居士和出家人的建议下而制定的。如果不能以护教心作为出发点，那样就不利佛教、不利自己，同时也一定会伤害未信佛法的人。四、在建议之前，希望站在世俗立场、站在佛教的立场，做一个“法”的考虑。特别要站在出家人立场来考虑，以免你的建议误导大众；因为很多事情，不是以世俗的眼光所能完全理解的。五、还是如道宣律师所建议那样：在僧人之中很难辨认谁贤谁圣，有些事情表面上看似乎有点流俗、缺少德行，如果仔细分析他们的心意，或许正是菩萨的示现。现在以世俗观点来检查修道，那是非常不容易的事情。如果见僧过错，则不信的心就会生起，生起这种心就会障碍修道，很难得到学修的利益，更免谈了脱生死了。

△事钞续云：“礼拜佛法僧者，常念体唯是一[①]。何者？觉法满足，自觉觉他名佛。所觉之道名法。学佛道者名僧。则一体无别矣。（始学时名僧，终满足名佛。僧时未免诸过，佛时一切恶尽，一切善满也。今我未出家学道，名俗人。回俗即是道器[②]。如此深思，我亦有道分，云何轻侮。宜志心皈依，自作出家因缘者，是名围绕念佛法僧之大意矣。）。低头看地，不得高视。见地有虫，勿误伤杀。不唾僧地。当歌呗赞叹。若见草土，自手除之。”

【注释】①佛法僧一体：佛与僧是能觉悟，虽然因地僧与果地佛有所区别，但两者所觉悟的道法是一致的，所以说是一体。　②道器：能够修行成道的器具或根性。

【今译】《行事钞》继续说：“礼拜佛法僧，应当常念之间体性一如。为什么？觉悟宇宙人生之法已经满足，自觉后又起大悲心行去使他人觉悟，这样名为佛；所觉之道名为法；学佛道之人名为僧；佛与僧因果虽然不同，但所觉之道相同，所以是一体。（再者，开始学佛名僧，福慧满足时名佛。由此在僧时不免有诸多过失，成佛时则一切恶法尽断、善法满足。今我没有出家学道名为俗人，只要回俗之心向于三宝道法，即具备修道之器。这样的认真思考之后我们也有修道的分，怎么可以对僧人随便就生起轻视侮辱之心呢？应该志心皈依，给自己种下出家学道的因缘，这样才是真正念佛法僧的大意）。行走时要低头看地，不得仰头瞻视。看到地上有虫，不得误伤或杀害，不得在寺庙僧院随便吐痰唾地。应当歌呗赞叹。看到地上有草，应当拔除清理。”

△事钞续云：“若有因缘寺中宿者，不得卧僧床席，当以己物藉之。亦勿卧沙门[①]被中。应自设供、供养于僧。岂损他供、自害善器[②]。并调戏言笑，说非法事。沙门未眠，不得先寝。为除憍慢故。又勿坐僧床席，轻侮僧故。俗中贵士之座，犹[③]不许贱人升之。况出世高僧，辄便相拟[④]。是以经中[⑤]，共僧同床，半身枯也。如是因缘，如别广说。若至明晨，先沙门起。修恭敬之行。”

【注释】①沙门：不论佛教及其他宗教，只要是出家修道的统称为沙门。译成汉语是勤息意思，就是勤修佛道和息诸烦恼的意思。　②善器：自身能够修道，所以是善器。　③犹：尚且。　④相拟：仿照。　⑤经中：即《宝印手经》。

【今译】《行事钞》继续说：“如果有因缘到寺庙借宿，不得睡卧僧人床席。若必须要睡卧僧人床席的话，应当用自己的衣物等衬着，当然现在有客房……也不可以睡卧出家沙门的被褥中，（应当自己施设供物供养僧众，怎么可以损坏他人的供养并且自我损害学修圣道的良好根器呢？）以及不得在寺庙言语调戏，言说世俗非法之事。如果比丘沙门还未睡觉，我们不得提前就寝，目的是为了消除我们骄慢心态。又不得坐僧人床席，否则有轻视侮辱之嫌。世俗当中贵人的座位都不许一般来坐，何况是出世高僧的座位，怎么可以随便去坐躺呢？所以《宝印手经》中说，如果与僧人同床而坐的话，将会感得半身枯瘫的果报。这样的因果报应，在别的经典中都有一再的强调与说明。如果到第二天早上，要起在出家师父前（这是修习恭敬的一种行法）。”

第二节　斥非法

▲事钞云：“凡入寺之行，与俗人作入道之缘[①]。建立寺者，开净土之

因[②]。供养僧者，为出离之轶[③]也。”

【注释】①入道缘：俗人来到寺庙，接触些许佛教文化，就能种下善根，以后就会成就佛道，所以说来到寺庙与作入道缘。②净土因：想往生净土或者成就自心净土，必须经常来到寺院进行修学、参访，以使心地不断地得到净化。③出离轶：轶是辙，就是车所行的道路。就是在僧众的指导学习下，循着祖师大德曾经走过的路，以期盼更快地成就解脱大事。

【今译】《行事钞》说：“所有亲近寺庙的过程，是做为俗人进入佛道的因缘。创建寺庙，是开启清净心灵、建立净土之因。供养僧众，是为了建立出离三界、得解脱的大道。”

【评析】此段话说到三个重要信息：一俗人来寺庙目的，二建立寺庙目的，三供养僧众目的。

一、俗人来寺庙目的——是为将来学佛入道创造条件。现前有些学佛朋友，把寺庙当作娱乐场所：如经常举行一些不合佛法的法会，经常做毫无佛教意义的聚会。如打牌、搓麻将，甚至聚众赌博饮酒。有的把寺庙当作谈论是非场所，如部分老年朋友，由于在子女、媳妇面前不敢发唠叨，到寺庙后找到了一拍即合的朋友，就尽情地诉说子女媳妇种种。这些肯定不是为将来学佛创造条件，而是在造口业。

二、建立寺院目的——是为了开启大众成就净土因缘的场合。这点非常值得现前出家法师们的思考。某些乡镇村落过分滥建神宫庙宇，而且形成了“村村多庙，村村多神”的局面，弄得邪正不分，扰乱了大众的正常视听与思想。一些名城大庙，却在发展经济的潮流下薰染了十足的铜钱味，普通旅游纪念品标上了“天价”。很多俗家弟子感叹：“现在去寺庙与去商场基本上没有区别了！”而出家人却在忙碌着“卖香售纸”，乃至挂牌上岗充当“导游”。这些作法，就寺庙边来说，都应该反省。当然，这与客观的社会潮流强力影响是分不开的。

三、供养僧众目的——以僧众为指导，为自己提供修学的轨则。现在一些大富人家，专门请了一些法师、活佛到家里去长期接受供养，同时要求法师教授“求财发迹”的经咒，或在修炼“财神”大法。致使因为金钱借、送不清，而发生了僧俗“对质公堂”的事件。这是供养的目的吗？为了几块钱，个别僧人为什么要那么“自作贱”。再者，金钱财富是不能用非法、迷信的手段所能得到的，如果侥幸得到，也会让你悲惨、痛苦地连本带利地失去。只有通过正当的经营手段、正确的福报积累之法、正常的理财思想，才能拥有越来越多的财富。这一点，作为佛教徒来说要特别要注意。

△事钞续云："今末法中，善根浅薄，不感圣人示导，仅知有寺而已。不体法意，都无敬重佛法超生因缘，供养福田，而来入寺也（如此者多、非谓全无敬信者）。多有人情来往，非法聚会。又在寺止宿，坐卧床褥，随意食啖。乞索取借，如俗去还，逐意则喜，违心必嗔。系缀胸抱[1]，望当图剥[2]，犹牛羊之抵突[3]，恣顽痴[4]之鄙情。或用力势逼掠，打扑抄夺。具造恶业，必死何疑。一但横骸，神何可灭，随业受苦，永无救护，可共悲哉（非三宝不能救，由此人不可拔）。若有智之人，终不行此。敬重寺法，准而行之。护惜三宝，咨请法训，自招大益。故经云：众僧良福田，亦是蒺藜[5]园。斯言实矣。当知衰利由心，非前境[6]咎。"

【注释】①系缀胸抱：系缀是系着或连接，就是系念不忘；胸抱谓心胸。就是对一件事情，一直挂念心胸而不忘怀。 ②图剥：谋害。 ③抵突：触犯或逼迫。 ④恣顽痴：恣是任意。就是不畏因果。 ⑤蒺藜：一年生草本植物，茎横生在地面上，开小黄花，果实有刺也叫蒺藜，可以入药。 ⑥前境：指僧人及庙寺。

【今译】《行事钞》继续说："现前处在末法当中，人们善根浅薄，不能感应圣人的亲自开示指导，仅仅知道有寺庙存在而已。不能体解佛法意义，大多来到寺庙的俗人，都没有敬重佛法的超圣因缘，只是为了获取福报而来寺供养僧人（这种情况占多数，当然，不是说所有的人对佛法都没有敬信）。多是因世俗人情往来，在寺庙进行非法聚会。又在寺庙留宿，坐卧寺庙床褥，随意食啖饮食。向僧众乞索或借用僧物，犹如世俗朋友之间借还一样，如果能满足要求则欢喜高兴，如果不能满足要求则起嗔恨，而且系挂心胸，等待机会进行报复或谋害，犹如牛羊之间的相互触犯攻击，不畏惧因果而放纵顽固愚痴的鄙恶性情。或者以势力逼迫打扑掠夺。造下如此恶业，必定招受现报而速死，还有什么可疑惑呢？一旦尸骸横地，而其不灭的神识则随着自己业力轮回六道受苦无穷，永远没有可救护的机会。这实在是我们共同的悲哀。如果是有智慧的人，始终不会做这样的非法之事，而是会敬重寺院的法则，准照而行之。如果能够护持爱惜三宝法物，咨询请问寺庙法规，自然感得特大利益。所以经典上有说到：众僧良福田，亦是蒺藜园。所说这些是真实不虚的，如果能够按照寺庙戒法、规则去做，则福报无量，否则，就像进入一个有刺的蒺藜园一样而被划破受伤。由此应当知道，衰败或利益都是由心而起，不是僧人或寺庙的外境有什么过错。”

第三节　清信女法

▲事钞云：“清信女[①]人入寺，仪式同前。唯不得在男子上坐。形相语笑。脂粉涂面，画眉假饰。非法调戏，共相排荡[②]，持手撑人[③]。必须摄心整容，随人教令，依次持香，一心供养。忏悔自责，生女人中，常成碍绝，于此妙法修奉无因。不得自专[④]，由他而办，一何苦哉。应深生鄙悼[⑤]。若见沙弥，礼如大僧，勿以位小而不加敬。”（此于大僧为小、于俗为尊。出家受具，便入僧娄。不得以小儿意，轻而持接。设有说法，当谨听受。勿复唤名而走使[⑥]。）

【注释】①清信女：梵语优婆夷，译成汉语是清信女。就是指受过三皈、五戒具清净信心的女子。　②排荡：排是推，荡是放纵。就是放纵手脚推拉嬉戏。　③撑人：以手摸触。　④自专：自由自在。　⑤鄙悼：鄙是轻蔑自责，悼是悲伤。就是悲伤自责。　⑥走使：当作佣人来使唤。

【今译】《行事钞》说：“女众居士进入寺院，她的仪式和前面所讲的一样。只是在坐位时，不能坐在男众上坐或前面。不能相互闲话语笑。不能脂粉涂面，画眉染唇作假掩饰。不能非法玩耍调戏、推搡拉扯。必须摄心整容，随寺院的安排，依次上香，专心供养。要忏悔自责，生在女人于做事当中经常有阻碍，不能像男众那样来去自如，没有太多的因缘来修学这样微妙佛法。不能自由自在，做什么事情都要通过家人的同意才能成办，这是何等苦闷的事情呀？应该深深地生起自责与伤感。到寺庙见到沙弥师父，要像礼敬大僧一样，不能因为位小而不加敬重。（对于大僧来说他们是小众，但对于我们居士来说，他们还是值得尊重的。一旦他们受过了比丘大戒，就进入僧团队伍。所以不能视之为小孩般，轻易地来往对待。如果沙弥他们有所说法，也要静心听取。更不能称呼名字而使唤他们。）”

第二章　今师要术[①]

▲事钞云：“此入寺法[②]，中国传之矣。余[③]更略出护过要术。谓一切天人龙鬼，是出家人修道之缘；一切出家人，为天人龙鬼生善境界。出家人既为四辈[④]生善之处，不得对彼幽显轻有所失。彼四辈既是出家修道之缘，又不得辄便见过。佛已敕竟[⑤]，假使道人畜妻挟子，供养恭敬如舍

利弗大目连等。莫生见过，自作失善境之缘也。”

【注释】①今师要术：今师是指道宣律师，要术是指道宣律师对威仪的一些重要补充。　②此入寺法：就是前面所讲述的入寺方法。　③余：指道宣律师。　④修道之缘：依他们的外护，能使出家者安心学修。　⑤四辈：天、人、龙、鬼。　⑥佛已敕竟：佛已经告诫，这段话出在《贤愚经五七——波婆离品第五十》："将来末世，法垂欲尽，正使比丘，畜妻侠子，四人以上，名字众僧（名字上叫作众僧，而实际已经不是僧人），应当敬视如舍利弗目犍连等。"

【今译】《行事钞》说："前面所说的入寺的法则，是中国所流传下来的。我现在再概略补充些保护过失的要点：一切天人龙鬼是出家人修道的增上缘；一切出家人，是他们的生善境界。既然出家人是他们生起善法之处，那么面对幽隐或显现的众生时，都不能轻率对待而自失威仪。他们四类既然是出家人的修道保护之缘，就不能总是看到出家人的过失。佛在《贤愚经》当中已经有了告诫：假使出家人畜养妻子挟带子女，也还要像恭敬舍利弗、大目连他们一样。不能随便寻求他们的过失，如果自作寻求他们的过失的话，这样就失去增善境界的因缘了。"

【评析】这段话主要说明三个问题：一、出家人是天人龙鬼的生起善法之处，所以，一言一行都要有规则威仪，不能在他们面前失却佛教的法度。二、他们四辈，既然是出家人修道上的护持因缘，也就不能随便地、不分虚实地寻求出家人的过失，有时圣者的言行确实不是我们一般见识所能看透的。三、我们怎么理解佛说"假使道人畜妻挟子，供养恭敬如舍利弗大目连等。莫生见过，自作失善境之缘也"的告诫呢？我们来分析一下：1. 佛陀是站在修道者所应具备"无所着"的立场来劝诫的，面对境界内心了了分明，但不起动念、不求过失，这是修行者所应趋向的一种必然的心理素质。2. 佛陀是站在修行者自我锻炼的立场来说，面对那样的对象，如果能够不起动念，确实是一种有效的锻炼。3. 在佛教史上曾经有大师"为帮忙抚养他人子女，而还俗多年，后来又出家修道"事例。4. 站在幢相存在的立场来说，虽然是畜妻挟子，但我们从他外表还可以看到佛、法的殊胜及修道解脱的必要性。由此以上诸多原因，就可以了知佛说这句话的深沉用意了。

△事钞续云："凡出家者，长标远望，必有出要之期[①]。始尔出家舍俗，焉能已免瑕疵也。智士应以终照远度[②]，略取其道[③]。不应同彼愚小，拾僧过失。所以天龙鬼神，具有他心天眼[④]，而护助众僧者。非僧无过，

以克终照远[5]耳。今人中，无察情鉴失之见。情智浅狭，意无远达。暂见一过，毁辱僧徒。自障出要，违破三归失于前导[6]，常行生死不受道化[7]。可谓惑矣，小儿痴矣。"

【注释】①出要之期：出要即是以出离三界为主要目标。期是期许。②终照远度：终照即有深远的认识，不责备现前些许过失。远度即大量不见小过。 ③略取其道：略是拣略或主要的。就是拣取他们大略而主要的道心志向为评价对象。 ④他心天眼：天龙鬼神也有他心通、天眼通。 ⑤克终照远：克是究竟的意思。克照是指龙天护持之心，终远即出家之志。 ⑥失于前导：失去往前修行的向导。 ⑦不受道化：不能接受佛道的教化。

【今译】《行事钞》继续说："凡是出家之人，要标立长久高远的希望，一定要树立出离三界的伟大期许。对于刚刚舍俗出家的人来说，怎么能够很快地避免瑕疵、习气呢？社会上的有智之士应该要有深远的认识、宽宏的肚量，赞许吸取僧人关键的道心志向作为评介的对象。不应该与愚夫、小儿一样，随便检点僧众过失。天龙鬼神具备他心与天眼的神通，之所以还那样地护持众僧，不是因为僧众没有过失，而是因为僧人有一个究竟成佛度生的远大目标。现在社会人士当中，由于世俗的情智浅薄狭小，意向不能远大广达，没有观察事务及鉴别过失的智慧正见，稍微有一点过失，就毁辱僧人唯恐不及。这样的心念如果不能改变的话，则自我障碍出离要道、违破三归、失去前行的指导老师；这样最终的果报，则是长时流转生死不能接受教化。这真是迷惑之人，像小孩那样的无知。"

第三门　造像塔寺

第一章　造　像

第一节　通叙[1]经像意

▲事钞云："造经像法意者。如来出世有二益：一为现在[2]生身说法。二未来[3]经像流布，令诸众生于弥勒佛[4]，闻法悟解，超升离生。此大意也。"

【注释】①通叙：先就大略意义来叙述一下。 ②一为现在：即佛陀在世时期,化相佛法一期的近处利益(化相三宝:化相是佛陀在世时教化众生之相状。化相三宝是——佛陀为佛宝,四谛是法宝,五比丘是僧宝)。③二为未来:未来即住持佛法(即住持三宝)三时的远处益利。④于弥勒佛:过五十六亿七千万年,弥勒佛出世广度众生。在释迦佛法的教化下,应该得度的都已得度,剩下还没得度的,也会种下作为弥勒佛的得度因缘。

【今译】《行事钞》说:"所谓造经像的法意。如来出世有两种利益:一、佛为教化当时众生而现身说法。二、为使经像于未来时空,能够广大深远地流传开来而说法,使令其余还未得度众生,能于弥勒佛世闻法悟解,超升净土脱离生死流转。这是佛出世及经像流布的大意。"

第二节　中国[①]造立元缘

▲事钞云:"恐后生造像,无所表彰[②]。故目连躬将匠工,上天图取[③]。如是三反,方乃近真。至于下天,此像垂地[④]来迎。世尊命曰:汝于来世广作佛事[⑤]。因垂敕云:我灭度后,造立形像一一似佛。使见者得法身仪则[⑥],乃至幡华供养,皆于来世得念佛三昧,具诸相好。如是造立是佛像体。"

【注释】①中国:佛教经典当中所指的中国,是指佛教中正教义的发源地,是指当时印度的五天竺。　②造像表彰:造立佛像的依据,以及佛像所彰显的后世意义。

③目连上天图取:

1.上天报恩说法:太子出生七日,母亲摩耶夫人命终,投生在忉利天。佛陀成道后,讲经300余会,说法49年,分别是:"华严最初三七日,阿含十二方等八,二十二年般若谈,法华涅槃共八载"。由于思念报答母亲生育之恩,在讲完《法华经》之后,就升到忉利天为母亲说《地藏经》,经过一个夏天的时间。

2.佛像雕刻的开始:优填王却因思佛心切而病倒,并且对人说,如果不能见到如来圣像,不久必将忧愁命终。大臣们非常着急,于是商议请来神通第一的目犍连尊者运用神通力,带着雕刻师上到忉利天,亲睹佛陀圣容,然后用紫檀木雕刻成高达五尺的佛像,让优填王得以瞻仰,早晚礼拜,以解除思念之苦。这就是佛像雕刻的开始。

3.优填王其人:意译日子王、出爱王。为佛世时憍赏弥国(梵 Kaus/a^mbi^)之王。因王后笃信佛法,遂成为佛陀之大外护。

当时，憍赏弥国与摩竭陀国、憍萨罗国等对峙，威震四方。皇后崇信佛法，并已证得须陀洹果，但王妃无比夫人却是个嗔心极重的女人。无比夫人国色天香，娇艳动人，但因曾被佛陀拒绝婚事，怀恨在心。当时追求无比的豪门贵族众多，但她的父亲逝心长者一心只看中佛陀，佛陀以修道者不近女色拒绝他，还对他说，秀色美女也不过是脓胞臭囊，不足为恋，然而无比却认为佛陀是在侮辱她。

后来逝心长者将无比献给优填王，王非常高兴，立她做妃子，并赐长者高官厚禄。无比夫人虽然已经身为优填王的妃子，但报复之心仍然未消，就想杀害虔信佛教的皇后以泄恨。她向优填王说，皇后信奉魔王之教，必需灭除。于是，国王敕令以百箭杀害皇后，皇后见到百箭射来，不但不畏惧，也丝毫不恚怒，长跪向王，一心只念着佛陀的大慈心，因此所射的箭全都绕皇后三圈，然后折返，停留在王的面前。这一来，令优填王大为惊惧，心想：佛陀必定是无上正等正觉的圣人，他的白衣弟子就有如此的威力，何况是正等正觉的圣者！于是马上前往佛陀的住所，祈求忏罪，并接受佛陀的教化。

④此像迎接：三个月后，佛陀从忉利天宫说法完毕，回到人间，众人欣喜若狂，纷纷前往佛所，顶礼问讯，紫檀圣像也向前自行七步低首曲身迎接佛陀。佛陀对佛像摩顶受记说："辛苦！辛苦！末法众生可要靠你教化了。"佛陀并以偈颂嘉许优填王说：

"作佛形象者，今当粗说之：眼根初不坏，后得天眼视，
白黑而分明。作佛形像德，形体常完具，意正不迷惑，
势力倍常人。造佛形像者，终不堕恶趣，其福不思议。"

⑤佛事：凡发扬佛教教义、称颂佛德与仪式仪轨之事，称为佛事。据《维摩经》卷下载，佛陀将一切事均视为佛事，以此表示佛之德性。于禅宗，用以指举扬佛法之行事，如开眼、安座（安置佛像于堂内）、拈香、上堂、入室、普说、垂示等，均为佛事。后世泛称于佛前举行之仪式为佛事，又称法事、法会，或指超度亡灵之诵经。　⑥法身仪则：威容相好、法身的表现。

【今译】《行事钞》说："恐怕后来贤者造立佛像没有根据、不知雕像所彰显的意义，目连尊者亲自带领巧匠，到忉利天图取佛像。这样上下三次图写、雕刻才接近佛陀真实相貌。后来佛陀讲经完毕回到人间时，此紫檀佛像能自行七步曲身低头来迎接佛陀。这时世尊嘱咐说：你于来世广做佛事。又正式地教敕说：我灭度之后，造立形像个个都相似于佛陀。使令见到的人，都能证得到佛陀的威容相貌，乃至幡花供养，都于来世能够证得念佛三

昧，具足无比的庄严相好。这样的造立，才是佛像的根本体性与目的。”

【评析】佛陀造像是在当时优填王、佛陀子弟、百姓等对佛陀思念的情况下产生的。事件虽然缘起在当时，但其意义却在无尽的未来利益无尽的众生。所以，我们处在不能见到真佛的后世众生，今天有福报因缘看到雕像时，内心要存无比的感恩心念，生大惭愧来修习教法，用有生之年传播佛教的和谐精神。同时也要自信，我们还是有相当大福德因缘，只要增上修学，于不久的未来一定能够克除烦恼，悟证净土。这样才不辜负佛陀在世时那些发起造像的菩萨们。

第三节　此方制度渐失

▲事钞云：“所以中国传像在岭东[①]者，并皆风骨劲壮，仪肃隆重[②]。每发神瑞[③]，光世生善。逮于汉世仿佛入真[④]，流之晋宋颇皆近实。并由敬心殷重，意存景仰，准圣模样[⑤]。故所造灵异。”

【注释】①岭东：葱岭之东，指震旦——中国（葱岭：帕米尔高原早在中国汉代就以“葱岭”相称，因多野葱或山崖葱翠而得名。高原海拔 4000 米～7700 米。是自汉武帝以来开辟的丝绸之路之必经之地。帕米尔高原位于中亚东南部、中国的西端，地跨塔吉克斯坦、中国和阿富汗。目前除东部倾斜坡仍为中国所管辖外，大部分属于塔吉克斯坦，只有瓦罕帕米尔属于阿富汗。震旦：唐玄奘等大师在他的著作中，叙述赴印度取经的情形时，曾将古印度对中国的呼称“Mahachinasthana”音译成了“摩诃脂那国”、“摩诃至那国”、“摩诃震旦”等）。　②风骨劲壮、仪肃隆重：指当时所塑造的佛像体貌庄严劲壮，威势无比。　③神瑞：就是有种种感应。　④仿佛入真：非常形象。　⑤准圣模样：准照传统古老塑造佛像的方法尺寸。

【今译】《行事钞》说：“当时印度天竺国所传塑像到我们大震旦中国的，所塑造的格调都是‘风骨劲壮，仪肃隆重’。每每发生不可思议的感应和瑞相，使当时官吏百姓善心增长，世道和顺。到了汉朝时佛像与真佛极为相似入真，流传到了晋宋（晋朝及南朝宋国阶段）期间还是相当地接近真实。这些都是由于大众敬心殷重，心存景仰，加上所塑造形像都是依照古法而塑制，所以佛像才会有那样不可思议的灵异感应。”

△事钞续云：“今随世末，人务情巧。得在福敬，失在法式。但问尺寸短长，不论耳目全具。或争价利钝，计供厚薄。酒肉饷遗[①]，贪淫俗务，身

无洁净，心唯涉利。致使尊像虽树，无复威灵。乃至钞写经卷，唯务贱得。弱笔粗纸，恶匠鄙养[2]。致使前工无敬，自心有慢。彼此通贱，法仪灭矣。"

【注释】①饷遗：馈赠，赠送。　②恶匠鄙养：心念不净，修养极差。

【今译】《行事钞》继续说："现今随着世间社会道德的不断没落，人们只忙碌于人情往来、巧妙应付的事务。若有所得，那是因为心存福敬；若有所失，那是由于对法式仪轨的无知。就营造主人来说，塑造佛像只关心尺寸的长或短，却不注重佛像五官或形体的全具或残缺。或争论价钱的多与少，计较供养数额的厚与薄。就工匠这边来说，贪图酒肉馈赠、习惯于世俗财色之事，身形不能洁净，内心只有利益。致使尊像虽然树立起来，再没有以前威灵感应的事迹出现。乃至抄写经卷，只追求简陋低贱的就可以。笔纸都非常粗糙低劣，抄写工匠心念不净、修养极差。导致工匠没有敬重之心，自己存有轻慢之念。这样自他都心存轻贱不尊，佛法的法仪规则就会消失了。"

△事钞续云："致令经像训世为诸信首[1]，反自轻侮，威灵焉在？故致偷盗毁坏，私窃冶铸[2]，焚经受用，多陷罪咎[3]。并由违背世出世法[4]。现在未来受无量苦，皆由失法之所致也。"

【注释】①为诸信首：于末法时代，经典、佛像的住持功能为最高，能使见闻者礼拜生信。　②私窃冶铸：镕铸金银钢铁的佛像移作别的用处。　③罪咎：罪过。　④违背世出世法：轻视辱侮、乖违世俗礼教、不依佛的教敕。

【今译】《行事钞》继续说："导致教化世间起信根本的经像，我们自己反而轻视侮辱，这样哪里会有威灵感应存在呢？所以致使被贼所盗或者风火所毁，或者私下销镕移作他用，或者焚烧金银字样取作余用，这样种种过失必定会陷于罪过。并且违背世间及出世之法。于现前、未来都会受无量苦痛，这些都是由于对制造佛像法规尺度的丢失所导致的。"

△事钞续云："若使道俗存法[1]，造得真仪。鸟兽不敢污践，何况人乎。但能奉圣像仪，佛亦垂形示迹[2]。"

【注释】①存法：心存法仪轨度。　②垂形示迹：佛现形而感应。

【今译】《行事钞》继续说："如果道人俗士都能够心存法规尺度的话，就能塑造出逼真感应的灵仪。这样鸟兽都不敢染污践踏，何况人们会对他不敬？所以，只要奉行、遵照佛像塑造的原则仪度，佛陀自会垂形示迹而感应无方的。"

第二章 造 塔

第一节 示 名

▲事钞云:"杂心云:有舍利[①]名塔,无者名支提[②]。塔,或塔婆,或云偷婆(此云冢[③]也,亦云坟)。支提云庙(庙者貌也)。"

【注释】①有舍利:这里所说的舍利,是指有佛或菩萨、罗汉的舍利。舍利:华译为灵骨,或坚固子,乃佛的身骨。佛、菩萨、罗汉、高僧等,寂后火化,每凝结有舍利,或如珠,或如花,白色为骨舍利,赤色为血肉舍利,黑色为发舍利,也有杂色的,那是综合而成。这种舍利子,是由人生前修戒定慧之功德结晶而成。若是佛舍利,世间无物能损坏,菩萨以下,其硬度便相应地减弱了。 ②无者名支提:支提是庙。是说没有舍利的名为支提,主要是安放佛、菩萨、罗汉形像的场所。 ③冢:梵言舍磨奢那。封葬之所云冢,其高者云坟。翻译名义集曰:"舍磨奢那此云冢,西域僧死,埋骨地下,上累砖石,似窣(sū)堵婆(塔),但形卑小。塔最高,坟低一些,冢最低。"

【今译】《行事钞》说:"有安放佛及菩萨、罗汉舍利的名为塔,如果没有安放舍利的名为支提。塔在印度叫做塔婆,或者名偷婆(中国这边叫做冢,也叫做坟)。支提叫做庙(所谓庙是貌,指庙中供奉的佛菩萨的形像)。"

【评析】舍利及塔的两种名称,是通用于凡夫或圣人的。但这里所说造塔,主要是指佛塔以及菩萨、罗汉圣人。

第二节 显 报

▲事钞云:"增一阿含云:初起偷婆[①],补治故寺,并受梵福[②]。云何梵福? 如阎浮一洲人功德,不如一转轮王[③]功德。如是西东北天下,乃至四天、六欲、初禅总多,比一梵主功德。此为梵福量,当如是学。"

【注释】①初起偷婆:新建的佛塔。 ②梵福:指初禅第四天大梵天王的福德。由于梵天王的福德最为殊胜,所以以他来作为举例。 ③转轮王:此王身具三十二相,即位时,由天感得轮宝,转其轮宝,而降伏四方,故曰转轮王。又飞行空中,故曰飞行皇帝。在增劫,人寿至二万岁以上,则出世,在灭劫,人寿自无量岁至八万岁时乃出世。其轮宝有金银铜铁四种。如其次第领四三二一之大洲,即金轮王为四洲,银轮王为东西南之三洲,铜轮王为东南之二洲，铁轮王为南阎浮提之一洲也。

【今译】《行事钞》说："《增一阿含经》说，创建佛塔，修补老旧寺庙，都会感报梵天王的福德。那梵天王的福德是怎么回事呢？譬如南阎浮提一洲人的功德，比不上一位转轮王的功德。这样西牛贺洲、东胜神州、北俱卢洲，乃至四天王天、六欲天、初禅三天总共加起来，才能比得上一位梵天王的功德。这就是所谓的梵天王的福德，应当要这样地修学。"

第三节　敬　护

▲事钞云："四分：若起塔者，应四方若圆若八角。以石堑[①]、木作。作已，用黑泥乃至石灰白土等。应安基，四边作阑楯，安香华着上。听安悬幡盖物。不得上塔上阑楯上，护塔神嗔。若有所取与，开。彼安幡盖，不得蹈像上，作余方便梯凳安之。若塔露地供养具，雨渍风飘，鸟乌不净者，作种种舍覆之。地有尘，种种泥泥之。须洗足器，安道边，外作墙门安置。若上美余食，用金宝等器盛之。令白衣伎乐供养。若饮食，当与比丘、沙弥、优婆塞。经营塔作者[②]应食。舍利安金宝塔中，若缯绵中。若持行者[③]，若畜生若头上肩上担戴。若拂，应用树叶雀尾拂。多有香华，罗列基上、阑上、杙上、响[④]中，绳贯悬屋檐前。有香泥，作手轮像。乃至有余泥地等。"

【注释】①石堑：挖地基，以石头作基础。　②经营塔作者：建造佛塔的工匠。　③持行者：拿持舍利行走的话。　④杙上：木桩上。响：或指法器。

【今译】如果建造佛塔的话，应当四方形或者圆形或者八角形。挖地以石头、木条作基础。作完以后，用黑泥乃至石灰、白土等材料固定。应当安放佛塔基座，四边作栏杆，在上面安放香花。允许安放悬挂幡盖供养物。不可以上塔或者栏杆之上，上的话护塔神会起嗔恨之心。如果要上塔取物品或者供养物品，那是开许的。在塔上安放幡盖不能踩到佛像上，应当安放梯子、凳子之类的东西作为上塔方便。如果塔周围的露地供养器具，被水渍风吹、鸟兽污践的，应当作种种房舍覆盖之。如果敬献美食，要用金银的器皿盛放着。使令在家白衣以种种舞蹈音乐来供养佛塔。如果有饮食应当给比丘、沙弥、优婆塞（看守佛塔或者管理工地的居士）。建造佛塔的工匠应当给予饮食。舍利应该要安放金宝塔当中，或者丝绸绵布当中。如果是拿持舍利行走时，应当放在畜生身上或我们的头上或肩上担戴着。如果拂扫，应当用树叶或孔雀尾巴清扫。有多香花的话，应该整齐排列地上、栏杆上、木桩上、法器中，或者用绳子贯穿起来挂到屋檐前来供养。有香泥的话，应当画佛陀的手掌中的千辐轮图案，如果有剩余，用来泥塔地面。

第四节　供养修治

▲事钞云："善生经云：善男子，如来即是一切智藏[①]。是故智者应当志心勤修，供给现身、灭身[②]、形像塔庙。若于空野无塔像处，常当系念尊重赞叹。若自力作，若劝人作，见作生喜[③]。如其自有功德力[④]者，要当广教众多之人而共作之。既供养已，于己身中莫生轻想[⑤]，于三宝所亦应如是。凡所供养，不使人作，不为胜他。作时不悔，心不愁恼，合掌赞叹恭敬尊重。若以一钱一线一华一香一偈一礼一匝一时，乃至无量宝无量时。若自独作，若共他作。善男子，若能如是志心供养佛法僧者，若我现在、若涅槃后等无差别[⑥]。若见塔庙，应以金银铜铁绳锁幡盖伎乐香油灯明而供养之。"

【注释】①如来是一切智藏：如来是一切智慧的宝藏，总收十法界世、出世的智慧无不圆满具足，能够含蕴无穷，出生无尽。　②现身、灭身：现身是佛在世时的现在身，灭身是佛灭度后的舍利。　③见作生喜：见到他人做功德而生欢喜心，就是随喜功德的意思。　④自有功德力：学识很高，德行广大，大家都会信任的。⑤于己身中莫生轻想：对于自己的供养不要自我轻薄。反过来说，通过用心供养，不管物品优劣，金钱多少，都会获得广大福报。　⑥若我现在、若涅槃后等无差别：我是指佛陀。对于供养功德来说，佛说不管我在世的时候或者我灭度之后，供养的功德都是一样平等无有差别的。

【今译】《行事钞》说："《善生经》说，善男子，如来是一切智慧的宝藏。所以明智之人应当志心精勤修学如来智慧，并且要供给：若是佛世的佛身、或是灭后的舍利、或是佛的形像以及佛塔寺庙。如果于空旷野外没有佛塔佛像之处，要常常系念尊重赞叹。如果自己有财物力量就自己建造，或者劝导他人建造，或者自己没有能力见到他人能够建造，应当生起随喜之心。如果有人的德行相当的高重、财物相当丰厚的话，应当要广泛召集众多之人而共同来创建它。既然供养、建造完备了，对于自己不可生起自我轻薄的想法，对于三宝这边也应该这样不能生起轻视不敬的想法。凡是于供养场合，不要指派别人去做（应当自己亲自去做）、不要为了超过别人而进行供养。做时不能生起后悔之心，心不烦恼，并且要合掌赞叹恭敬尊重，以一钱一线、一华一香、一偈一礼、一匝一时，乃至无量宝无量时的供养都是那样的心态。或者自己做，或者与别人一起作。善男子，如果能够那样志心供养佛法僧三宝的话，不管是我在世时、或者我灭度后，其供养功德都是一样而无有差别的。如果见到佛塔寺庙，应当以金银铜铁、绳锁幡盖、伎乐香油灯明来供养。”

【评析】这里要特别留意两个问题：一、如其自有功德力者，要当广教众多之人而共作之：这里所说的“有德”，应该不能离开个人的人格道德与家庭财富，只有这两者达到一定量的时候，我们出去招呼别人来成全佛教事业，才能有力量，才能功德圆满。否则，学佛学得穷困潦倒、心量狭小，想影响别人、传播佛法那是有难度的。所以在有机会赚取“净财”的情况下，我们欣然接受，希望用这些财富为家庭、为父母、为佛教做些善事。不要有意地排斥它、拒绝它，自命清高。二、凡所供养，不使人作，不为胜他：凡是于供养场合，最好是自己亲临现场供养，不要指派别人去做。做好事还有一个要紧的心理观念：就是要扩展自己的心量尺度与人生境界。供养不要为超过别人而斗气布施，这样的布施虽然有功德，但不能起到净化心念的作用，布施后不会带来法喜。所以，要根据自己能力欢喜、快乐地供养。这样的布施供养，布施一分就有一分的功德，布施十分就有十分的功德。

△事钞续云：“若见鸟兽践蹋毁坏，要当涂治扫除令净。暴风水火人所坏处，亦当自治；自若无力，当劝人治；或以金银铜铁土木。若有尘土，洒扫除拂；若有垢污，以香水洗。”

【今译】《行事钞》继续说：“如果看到鸟兽践踏毁坏佛塔，一定要进行涂治修整扫除干净。被暴风雨、水火、人为所破坏的也要自己进行修治；如果自己能力不够的话，应当劝导别人一起来修治；于修治过程中以金银钢铁土木为材料。如果有尘土，要洒扫清净；如果有不净的垢污，当以香水来洗净。”

△事钞续云：“若作宝塔及作宝像，当以种种幡盖、香华奉上。若无真宝[①]，力不能办，次以土木而造成之。成讫，亦当幡盖、香华、伎乐种种供养。若是塔中草木不净，鸟兽死尸及其粪秽、萎华臭烂，悉当除去。蛇鼠孔穴，当塞治之。铜像、木像、石像、泥像、金银、琉璃、颇梨等像，常当洗治。任力[②]香涂，随力造作种种璎珞乃至犹如转轮圣王[③]塔。精舍内，

当以香涂，若白土涂。作塔像已，当以琉璃、真珠、绫绢、锦彩、铃磬、绳锁而供养之。画佛像时，彩中不杂胶乳鸡子[④]**。应以种种华贯散华，妙绋明镜，末香、散香、烧香，种种伎乐、歌舞供养，昼夜不绝。不如外道，烧酥、大麦而供养之。终不以酥涂塔像身，亦不乳洗。"**

【注释】①真宝：我们平时身上佩带的金银、珍珠等的宝物。　②任力：随自己的能力。　③转轮圣王：意即旋转轮宝（相当于战车）之王。王拥有七宝（轮、象、马、珠、女、居士、主兵臣），具足四德（长寿、无疾病、容貌出色、宝藏丰富），统一须弥四洲，以正法御世，其国土丰饶，人民和乐。按转轮圣王，多出现于印度太古时代之王，诸经论举其名者颇多，有顶生王、大善见王、民主善思王等。　④胶乳鸡子：胶乳也叫乳胶，橡胶树汁之类。鸡蛋也叫鸡卵或鸡子。不能用这些作为画像的材料，是因为这些材料气息杂秽不净的原故。

【今译】《行事钞》继续说："如果制作宝塔及作宝像（佛像），应当以种种幡盖、香花奉上。如果没有金银琉璃的真实宝物，能力所限而不能承办的，退其次应当以土木而建造之。作成之后，也应当以幡盖、香花、伎乐种种供养。如果是塔中有草木不净，鸟兽死尸及其粪秽、萎花臭烂，都应当清除掉。蛇鼠孔穴，当塞治之。铜像、木像、石像、泥像、金银、琉璃、颇梨等像，经常要清洗治理。随自己能力以香涂抹，随力造作种种璎珞乃至犹如转轮圣王之塔。精舍内，当以香涂，若白土涂。作塔像已，当以琉璃、真珠、绫绢、锦彩、铃磬、绳锁而供养之。画佛像时，彩画颜料中不得夹杂胶乳鸡蛋。应以种种花环散花，妙绋（指绳索，引申为拂尘）明镜，末香、散香、烧香，种种伎乐、歌舞供养，昼夜不绝。不能像外道那样，以烧酥、大麦来供养之。始终不以酥涂抹塔、像身上，也不能以乳来洗涤，因为这些都是外道之法，不能这么去做。"

【评析】这段话，使我们知道了制造佛塔、佛像所用的材料情况与恭敬供养的方法。

除此之外，这里还提到了"不如外道，烧酥、烧大麦而供养之"的这样一个内容。这句话出在《优婆塞戒经——供养三宝品第十七》里面："善男子，若能如是至心供养佛法僧者，若我现在及涅槃后，等无差别：①见塔庙时，应以金银铜铁绳锁幡盖伎乐香油灯明而供养之。……⑩不如外道烧酥大麦而供养之。"如果不经意的话，这句话不会引起我们注意，但如果你听到"火供"这两个字的时候，就会引起我们的特别注意，为什么呢？前两年，有一个台湾法师到东北某地烧了好几吨粮食，结果引起当地有关部门的注意与制止。

那什么是火供呢：火供，梵语叫护魔，译曰烧。本来是印度事火婆罗门烧火祀天。他们以火为天之口，认为烧祭祀的供品于火，就好像天吃了一样，而能够降福给人们。这种做法慢慢地被某地佛教所吸收使用，而且认为：在诸供养中“火供为最”。这种火供法是以燃烧供品的方式供养给本尊，火供的对象有世间的护法神、多闻天王、赞巴拉等等；出世间者为智能本尊，如阿弥陀佛、观音等等。在火供时，将炉坛观想为佛或护法神所住的宫殿及坛城，外在是火的形象，但内在分别为佛、护法神及他们的眷属。所有的供品，如五谷杂粮、油、金银等等，都分别象征贪、嗔、痴、嫉妒、傲慢及不同的业力，藉由燃烧供品，他们都欢喜接受。

尽管火供是“某地”佛教内容之一，但我们要思考以下几个问题：一、佛陀时代是否有这样的供养内容？答案是——没有。二、佛陀时代的外道们是否有这样供养内容？答案是——事火婆罗门就经常举行烧祭祀品来供养梵天。三、如唐悯农诗所写“谁知盘中餐，粒粒皆辛苦”，这样辛苦换来的粮食合适拿去烧吗？答案是——不可以。四、我们用五蕴身体来修行成道，然而五蕴身心又必须依靠五谷杂粮来资养，这样烧掉粮食当然不可以。五、信佛的人，经常拿粮食来焚烧，穷苦的人却没饭吃，你忍心吗？国家、人民会怎么看待信佛的人。六、焚烧粮食真的就有用吗？就能成就福德与智慧吗？如果这样推论下去，烧房子、烧汽车、烧山林功德不是更大了吗？由于有这些种种问题，我们要经常去看看佛陀时代修行场景与作法，看看佛陀有没有这样做，请不要盲目跟班。否则社会人士都会说：“信佛人蹧踏粮食，既愚蠢又可恶。”

△事钞续云：“不应造作半身佛像。若有形像身不具足，当密藏覆，劝人令治，治具足已然后显示。见毁坏像，应当志心供养恭敬，如完无别。如是供养，要身自作。自若无力，当为他使，亦劝他人令作助之。”

【今译】《行事钞》继续说：“不应该制造半身佛像。如果看到佛像身体不具足的，应该暗处密藏起来，或者劝导别人重新制作，作好了然后摆放出来。看到毁坏的佛像，应当志心供养恭敬，犹如恭敬完整的佛像一样，不能傲慢不敬。这样的供养要自己以身作则。如果自己没有能力，应当劝导别人来作或者劝导别人帮忙来作。”

【评析】现在的社会，半身佛像随处可见，一部分艺术家们把佛像当作艺术来操作。既然是艺术，什么形状都有可能出现。所以，我们也无法都买过来，也无法密藏。懂得这种道理之后，我们所要注意的是以下两种情况：一、我们自己做佛像时，千万不要制作半身佛像，一定要作全身的。二、看到半身佛像，我们还是以全身佛像来对待，还是恭敬、尊重、礼敬。有这样的心态就可以，我们无法遏制社会人们的思想与做法。

第五节　造毁二报

▲事钞云："无垢清信女问经[①]云：未知扫佛塔地，有何善报？佛告女言：扫佛地得五福：一自心清净，他人见已亦生净心。二为他爱。三天心欢喜。四集端正业。五命终生善道天中。涅槃[②]云：不犯僧佛物，涂扫佛僧地，造像若佛塔，常生欢喜心，皆生不动国[③]。"

【注释】①无垢清信女问经：就是《无垢优婆夷问经》一卷，后魏般若流支译。有无垢优婆夷、贤优婆夷等，问佛拂佛塔地，乃至四梵行三归戒之功德差别。佛一一为他们解答之。　②涅槃云的这段话，是出在《大般涅槃经》卷第二十一——光明遍照高贵德王菩萨品第十之一。北凉天竺三藏昙无谶译。他的原文是：

不犯僧鬘物　　善守于佛物
涂扫佛僧地　　则生不动国
造像若佛塔　　犹如大拇指
常生欢喜心　　则生不动国

③不动国：东方有佛世界名不动，佛号满月光明。无畏菩萨白佛，此土众生造何等业得生彼国。佛以偈答。

【今译】《行事钞》说："《无垢清信女问经》说：不知扫佛地、塔地有什么善的果报？佛告诉无垢清信女说：扫佛地能得五种福报：一、自己心境清净，他人看到后也会在你的感受下生起清净心。二、他人会爱护。三、天人欢喜。四、聚集端正之业。五、命终投生于善道以及天道当中。涅槃里面说：不犯僧佛物，涂扫佛僧地，造像若佛塔，常生欢喜心，皆生不动国。"

△事钞又云："十轮[①]，若破寺，杀害比丘，其人欲终，支节皆疼，多日不语。堕阿鼻狱[②]，具受诸苦。"

【注释】①十轮，是一部经的名称，十轮的意思是十种恶业。这部经全称是《佛说大方广十轮经》总共有八卷，这段话是出在第四卷"刹利旃陀罗现智相品第六”里面，他的原文是：“复次，族姓子，于未来世，当有刹利旃陀罗、居士旃陀罗毁坏我法，若见依我法中而出家者，于此人所数数瞋恚骂詈毁辱，我所说法不肯信受，破坏塔寺僧坊堂舍，杀害比丘，先所修习一切善根，皆悉灭尽；命欲终时，支节皆疼如火焚烧，其人舌根如被系缚，于多日中口不能语；命终之后，堕阿鼻地狱。 ②阿鼻狱：(界名)阿鼻为地下之牢狱，故曰地狱。在此地下之最底，余大地狱重叠其上。见《俱舍论——世间品》。止持音义曰：“阿鼻，此云无间。《观佛三昧经》云：阿言无，鼻言救。《成论》明五无间：一、趣果无间，舍身生报故。二、受苦无间，中无乐故。三、时无间，定一劫故。四、命无间，中不绝故。五、形无间，如阿鼻纵广八万由旬，一人多人皆遍满故。此五无间，乃造五逆业者报之。”

【今译】《行事钞》又说：“在《佛说大方广十轮经》卷第四里面说到，若有人毁破寺庙，杀害比丘。这个人在将要命终的时候，身体肢节都会疼痛无比，多日不能言语说话，若死后即堕阿鼻地狱，受许多的苦痛煎熬。”

【评析】后周世宗灭佛：

后周世宗柴荣显德二年(公元955年)，后周世宗为了贯彻以儒教为主的统治政策，以佛教寺院僧尼乃构成国家财政上的负荷为理由，下诏禁止私自出家；订立严苛的出家条件，并规定必须在国家公认的戒坛受戒，否则无效；不许创建寺院或兰若，违反的僧尼，课以严刑；未受敕额的寺院，一律废毁；民间的佛像、铜器，限五十日内交由官司铸钱，如果私藏五斤以上的，一律处死。

当时周世宗禁毁佛教的原因，主要是当时僧尼功令渐弛，以致寺僧浮滥，直接影响到国家赋税、兵役。另外汉地崇佛，大量铜用于制造佛像，致使铜钱出现短缺，这也是促使其禁佛的一个重要原因。

总计，后周世宗废毁寺院三万三百三十六所，大量的佛像及钟、磬等法器被铸成通钱，世称“一宗法难”。

后周世宗下诏毁坏佛像时，镇州有一尊铜制观世音菩萨极为灵验，因此无人敢去毁损。后周世宗乃亲自前往该寺，用斧头砍毁菩萨胸部。后周显德六年(公元959年)，后周世宗在北征途中，胸部突发痈疽而身亡。

第三章　造寺

第一节　应法生善

▲事钞云:“谓处所,须避讥涉[1],当离于尼寺及市傍府侧等。佛殿经坊极令清素[2],僧院厨仓趣得充事。如此,则后无所坏。祇桓图中,凡立木石[3]土宇并有所表。令人天识相,知释门多法,故能影覆邪术[4],禽兽畏威。形仪隐映,为世钦仰[5]。”

【注释】①讥涉:讥谓讥嫌,涉即干涉。会引起别人怀疑、讥呵。　②清素:佛殿与经坊,要清洁而不秽乱,素雅而不华丽。　③木石:植树表其生长,立石表其坚贞。　④影覆邪术:影是闭的意思,意思是说使天魔外道没有了威严势力。　⑤为世钦仰:即能够生起社会人士的善心。

【今译】《行事钞》说:“选择建造寺庙的处所,须避免让人生起讥嫌,应当远离尼众寺庙及城市、政府单位旁边等。佛殿、经坊要洒扫得非常清洁与素雅,僧院、厨房、仓库等地的装修也是简单清素,能够使用就可以了。这样,纵然有所毁坏也坏不到哪里去。在道宣律师撰述《祇桓图》当中,凡是立木石安土宇都是有所表法的。这样能够使人天认识佛教的庄严形相,知道佛门教法很多,这样能够遮蔽邪教邪法,禽兽见到了也会生起畏惧威严的感觉。这样形相可观,能使社会人士生起善心。”

【评析】佛寺的所有建筑,都有表法意思。如树木表生长,立石表坚实贞洁,戒坛居在东边表示学修佛法开始发生,无常院在西边表倾没非久,建立寺刹表人生迷茫知道归向,楼观表道品(三十七道品)有高低次第阶渐,池沼表天魔外道洗心归向佛门,栽种莲花表修行之人心行清净。

第二节　无法致损

▲事钞云:“但历代绵积[1],秉教陵迟[2]。事存法隐,错举意旨[3]。俗人既不晓法,众僧未解示导。但相仿效[4],虚费财物,竞心精妙,力志[5]胜他。房廊台观务令高显,过彼便止,都不存法。”

【注释】①绵积:长久的积累。　②陵迟:衰败。　③错举意旨:就是寺院的拆除或修建没有一个法的标准,都是凭感觉来做。　④仿效:相互学习不良的讹风,华丽的更华丽,高大的更高大,宽广的更宽广。　⑤竞心力志:

是说住持之间的用心或寺庙之间的建筑都相互攀比竞争，竭尽心意。

【今译】《行事钞》说："但经过历代长期的积累，执教者不但没有趋向正法反而衰败。只展现了表面事相而隐没了正法，修建寺院僧房都是凭借感觉，没有依照教法为标准。社会俗人（或者建筑工人）当然是不知教法，而僧众也没有解说教导。只知道相互仿效不好讹风，譬如寺庙建筑：华丽的更华丽、高大的更高大、宽广的更宽广等，浪费信施财物，处心积虑目的是为了胜过别人。房舍、廊檐、亭台楼阁必须高大明显，超过别人的才肯停止，这一切一切的做法，心中都没有考虑到教法以及所做的是否合乎佛教的建造法度。"

【评析】我在杭州佛学院任教期间，于2002年的春节，佛学院安排学生到附近某地去参学。当到某地的一个寺庙大殿的时候，外观与杭州灵隐寺大殿与佛像极其相似，整个感觉就是仿照灵隐寺大殿。但仔细观看后，发现这个大殿比灵隐寺大殿还要高出好多，佛像也高出好多。殿堂虽然高大而梁柱细小，有些摇摇欲坠的感觉。墙体粉刷粗糙，已经脱落毁破许多处。这就是这里所说的："但相仿效，力志胜他，务令高显，过彼便止。"这样仿效有多大意义呢？以后还得拆除重建，劳民伤财。

△事钞续云："又还自腾践[①]，如己庄宅。众僧房堂，诸俗受用。毁坏损辱，情无所愧。屈道承俗[②]，如奴事主。是名寺法灭也。（其甚者，打骂众僧，种种非法。取要言之，从僧强力抑夺，贷借乞请，乃至停尸僧院，举哀寺内，置冢澡浴等。并非法也。）"

【注释】①腾践：随便地使用或践踏。　②屈道承俗：委屈道人，奉承世俗人士。

【今译】《行事钞》继续说："还在寺庙擅自奔驰践踏，就像在自己的庄园住宅一样。寺庙僧众房舍或殿堂，都让给俗人使用。毁坏常住物件，损辱修行僧众，没有一点惭愧之心。寺庙主管僧人，经常委屈僧众奉承俗人，犹如奴仆奉事主人一样。这样种种事情的出现，说明寺法已经消失毁灭了。还有更严重的，打骂僧众，依靠势力抑制寺庙的正常活动，抢夺寺庙财物。借贷钱财索取物品，乃至停尸僧院，举行丧事哀悼活动，设置坟冢澡浴等。这些都不合佛教的非法之事。"

【评析】元照律师说：以上这些非法之事，在唐朝的时候尚且已经发生了，现在（宋朝时）有非法事情的出现，也没什么奇怪了：还有的在殿堂饮酒设宴，僧众厨房宰杀牲畜。寄存杂物，贮积粮食。或者设作衙门庭院，或者变为场所用于事务。或者在寺庙婚姻嫁娶、生产分娩，其杂秽程度难以言说。这些事情的发生“斯由道众之非才，岂独俗儒之无识。”“每恨法门之覆灭，孰为扶持？更嗟狱报之艰辛，谁当救疗。”心怀真知灼见之人，难道不深思慨叹吗？所以应当知道“祸福无门，唯人所召”。这样的弊病出现，只有学修有成的大心人士才能救济，同时希望看到这样劝导内容的行者，能够相互传播、各自勉励。

△事钞续云：“若改往修来[①]，追法更新[②]，慎敬无犯者，是则护持寺法也。（俗人造寺，本为求福，作出家之因，得道之缘。唯应礼拜供养，为法咨请，时时觐（jìn）问，如法往来。彼此利益，自他无恼，名护持也。）故增一云[③]：阿阇世王得信已后，敕国中，无令事佛之家，赀输、迎送[④]。岂非僧传正法，得信于人乎。”

【注释】①改往修来：改往是忏悔以前的过错，修来是期望以后得到超升。　②追法更新：追法是依教而行，更新是生起敬重之心。　③增一：就是《增一阿含经》。这段内容出在《增壹阿含经》卷第二十“声闻品第二十八（一）”的里面。原文是：“优婆迦尼，是阿闍世王少小同好，极相爱念……尔时，世尊与优婆迦尼长者说微妙之法。长者闻法已，即从坐起，头面礼足，便退而去，往诣王阿闍世所，在一面坐。尔时，王问长者曰：“汝兄（跋提）及姊（难陀）受如来化耶？”对曰“如是。”大王闻此语，欢喜踊跃，不能自胜。即击钟鸣鼓，告勅城内：“自今已后，无令事佛之家有所赀输，亦使事佛之人来迎去送。所以然者？此皆是我道法兄弟。”　④赀输、迎送：赀是赋税之意，输是缴纳之意，就是要缴纳税收。迎送是事佛之人往来王宫，可享有迎接恭送之礼。

【今译】《行事钞》继续说：“如果能够改往修来，敬重教法依教而行，谨慎敬重而没有毁犯的，这种才是正确护持寺庙之法。（世俗之人建造寺庙，本来是为了种植福田，为以后出家种下正因、得道因缘。所以，到达寺庙应当礼拜供养，时时咨询请教、恭敬请问法义之事，如法地来往。这样彼此都得利益，自他不会产生烦恼，这样才叫做护教）所以，《增一阿含经》说：阿阇世王得信佛法以后，命令国中人民：从今天开始，不再令事奉佛陀的家庭向国家缴纳赋税，并且今后事佛之人往来王宫可享迎送之礼。这难道不正是僧人因传授正法，而在社会大众中获得了信誉与信任吗？”

【评析】其实这里讲到了在家居士的几个任务：一、俗人造寺求福：造寺是办法，求福是目的之一。如果能够造寺，其实就说明帮助寺庙落实基本硬件设施，这样做是培植自己福报德能。二、作出家之因，得道之缘：这是造寺或布施硬件设备的根本目的，只要参与了这项事业，我们的目的都是共同的，在因缘具备的情况下就能够"出家修学、解脱得道"。三、为法咨请，时时觐问：这是达成如上目的的第二种办法，就是经常用心认真，觐问法义。要体证佛教的真实法义，只有这样的请问，再加如实观察修习，才能得到。所以在"诵经、唱赞、做法会"基础上，还要更进一步地提升向上——出家。

第四章　离诸非法

第一节　受僧食物

这个章节的许多内容，是劝诫出家道众：不能拿常住物品随便送给俗人。由此社会俗人也就知道，不能随便索要或者接受常住僧物。

第一项　明用与

▲事钞云："佛法中无贵贱亲疏[1]。唯以有法平等[2]，应同护之。人来乞索，一无与法[3]。若随情辄与，即坏法也。"

【注释】①无贵贱亲疏：在佛法之中，不能像世俗那样的分别贵贱亲疏。　②有法平等：在佛法面前依法而行大家都是平等无差的。　③一无与法：不能非法而用，非法而给。

【今译】《行事钞》说："在佛法中，出家僧众对居士或俗人不能偏心分别谁谁贵贱亲疏。只有以信受佛法的平等才是真正的平等，这样都应该同等爱护之。如果社会人士来寺乞求索取常住物品，寺院常住僧众不能非法给与。如果随着自己情感取用三宝物，随便赠与世俗人等，这样就是毁坏了佛法。"

△事钞续云："俗人本非应斋食者。然须借问[1]。能斋[2]，与食。不能斋者，示语因果，使信罪福，知非为吝，怀欢而退。（此中非生人好处，非生人恶处[3]。不得一向嗔人，一向任人不斋者而食。必须去情存道，善知处量[4]也。）是以谨守佛教，慎护僧法，是第一慈悲人[5]。现在未来一切众生，离苦得乐故。"

【注释】①借问：向人打听情况时所用的敬辞，相当于请问的意思。②能斋：《五分律——第一分之五（三十事）》第七卷：若白衣来受八戒设供养，若常食不犯。《律学释疑》问道：居士至寺院朝山、问法等，到了用餐时间，寺院可以供应一餐吗？答：可代为订购便当为宜，若信心居士当知福食难消。若此居士，有持斋者或布施寺院则可与食。或可方便令其为常住打扫修福亦可与食。　③非生人好处，非生人恶处：非生人好处，由于自己纵情自用，不能为法生信，不能使令俗人生起善心。非生人恶处：能够为法护教，不会引导俗人生起的恶心。　④善知处量：由于常住法师对寺法了如指掌，能够运用自如"上契佛制，下种善根"的不违教法，这样才是真正的善知事由、处量得当。　⑤第一慈悲人：由于常住法师对佛教的教法、制度熟悉的原故，来寺居士在他们的指点下，能够掌握福慧双增、往业消除的修习方法。所以，这样的法师就是"第一慈悲人"。

【今译】《行事钞》继续说："世俗之人本不是应供斋饭的对象。如果有居士来寺用餐，应当礼貌询问。如果有能力设斋供养的就可以给他饮食。如果不能的话，就向他开示说明因果道理，使他们相信罪福果报、知道不给饮食不是常住小气吝啬；希望他们怀着欢喜之心离去。（在与他们开示过程中，如果傲慢自用，无法使令他们生起信心、善心；如果能够应机开导，则他们不会生起恶心。不可以一向嗔怒他们，也不能一直不加劝导，任由他们不供僧而随便食用寺庙斋饭。在这样的过程中，必须消除私人情感心存道法，根据当时情况要善于做合理处理考量。）所以，能够谨守佛教，爱护寺法僧法，就是世间第一慈悲之人。希望现在或未来众生，离苦得乐。"

△**事钞续云："若不守佛教，随情坏法。谓听俗人不斋而食。有来乞请，随请辄与。令诸众生不知道俗之分[①]，而破坏僧法，毁损三皈。既无三皈，远离三宝。令诸众生沉没罪河，流入苦海，失于利乐。皆由坏法。是以不守佛教，不闲律藏[②]，缺示群生[③]，自昏时网[④]，名第一无慈悲人也。"**

【注释】①道俗之分：道人修智分为俗人福田，俗修福分应当供道众。②不闲律藏：对佛教制度、戒律不熟悉。　③缺示群生：由于对佛教制度的不了解，就缺少对居士大众的开示教导。　④自昏时网：昏是对教法戒律迷糊不清。网是指当时的庞大的信众团体及环境，由于多的原故，以网来比喻多。由于对制度不了解，自己也不知道如何教导当时庞大的信众团体。

【今译】《行事钞》继续说："如果不能守护佛教，随着自己性情最后就会导致破坏了法制。譬如，允许对寺院没有供斋或贡献的俗人随意食用斋饭。有人来乞求索要常住物品，也随便给予。这样就会使众生分不清僧众与俗人的区别，破坏了僧法，毁损了三皈。既然丢失了三皈，就自然远离三宝。致使众生沉没于过错罪河，而流入苦海，失去了解脱的利益快乐。这些种种罪失，都是因为坏法而导致的。所以，不能守护佛教，不熟悉戒律，对众生缺少开示，自然就造成信众团体的昏暗无序，这样的人就是世间最无慈悲之人。"

【评析】大部分居士或社会人士，都不理解这样一个问题。寺庙的物品，在没有得到大众法师（或住持）的同意情况下，俗人是不能随便索取或拿走的。这是为什么呢？其实，这里面有很重大的原因：一、物件来源：要知道，寺庙的物品基本上都来源于社会大众的布施。二、布施目的：社会大众之所以布施物件给僧人，其用意是给僧人的修学创造条件（物品不是给与俗人随便受用的），这是他们的重大心愿。三、福田僧：僧众是社会俗人种植福德的地方。若有布施能给自己增添福德因缘。四、僧人职责：寺庙僧人如果能用功修学证得解脱的话，即能普度天下有缘大众，救度苦痛大众，这功德何其之大？世俗之人由于凡间杂事扰心，就很难做到。

如果俗人随便受用常住物品，将出现以下几方面的不良后果：一、违背了布施者心愿，这一点看起来不会使我们心惊肉跳，但从历史偿还因果的公案证明来看，是相当可怕的。二、将会减损修道者的道粮。三、不但不能给自己带来福德的增进，而且还会给自己带来不好的后世果报。

那么在什么情况下，居士或俗人可以受用寺庙常住的物品呢？一、首先这个物品是专门用作招待客人或用来结缘的。二、通过寺庙师父平等分发的物品。三、为常住做事的，拿到合理的工资或物品。四、能给他们带来佛教信仰的流通物件或书籍。

第二项　约缘开

▲事钞云："五分，若白衣入寺，僧不与食，便起嫌心[①]。佛言，应与。便持恶器[②]，盛食与之，又生嫌心。佛言，以好器与之。此谓悠悠俗人见僧过者。若在家二众及识达俗士[③]，须说福食难消[④]，非为悭吝。"

【注释】①嫌心：嫌弃、嫌恨的心理。　②恶器：不干净或不完整的盛饭器具。　③悠悠俗人、识达俗士：悠悠俗人是指远离三宝、不知皈依，对于行善作恶等事懵懂无知的人士。识达俗士是指有修养、有知识的文化人士。

④福食难消：施主布施饮食或用具，是给予修行僧众使用。修行者当然能够消受，还能为布施者增长无量福德；反之，食而不消。何况在家俗士。

【今译】《行事钞》说，"《五分律》讲到：社会白衣俗人来到寺庙索要饮食，僧人不与饮食，他们就生起嫌责之心。佛说：这种情况应该给与饮食。之后僧众就用不干净或不完整的器具盛放饮食给与，他们又生起嫌责之心。佛又说：应该用好的饮食器具来盛饭给与。这种是对远离三宝或者喜欢看僧人过失的社会悠悠俗士来说。如果是在家二众及见识豁达人士，就应该对他们说檀越为求福报才将饮食布施给众僧；在家俗人食用这种饮食，没有修行的话是很难消受的，不是僧人吝啬不给。"

△事钞续云："十诵，供给国王大臣薪火灯烛，听辄用。十九钱[1]不须白僧，若更索者白僧给之。恶贼来至，随时将拟，不限多少。僧祇，若恶贼、檀越、工匠乃至国王、大臣，有力能损益者，应与饮食。多论云，能损者与之，有益者不合，即是污家。若彼此知法，如律亦得。"

【注释】①十九钱：印度当时的大铜钱，一个相当于十六小铜钱，合三百铜钱。

【今译】《行事钞》继续说："《十诵律》说，供给国王的薪火、灯烛可以随便用。如果数量在十九钱之内，可以不用通过大众僧，如果还要索取更多的，就要通过大众僧同意然后给予。如果有恶贼来索要，就随他们索要多少而给予，不限定多少了。《僧祇律》说，如果恶贼、檀越、工匠乃至国王、大臣，有势力能损坏物件或人员的，应该随顺而给予饮食。《多论》说，如果这些人中能损坏物件与人员的就给予，反之对寺庙有益处的则不施，这样就是污家的行为了。如果僧俗都知法的话，到底该不该给，就如《十诵律》里面所指示来分配也可以了。"

第三项　示污家

▲事钞云："比丘凡有所求，若以种种信施物，为三宝自身乃至一切，而与大臣俗人等，皆名污家[1]。由以信施物与白衣故，即破前人平等好心。于得物者欢喜爱乐。不得物者，纵使贤善，无爱敬心，失他前人深厚福田。　又倒乱佛法故。凡在家俗人常于三宝求清净福，割损血肉以种善根。今出家人反持信物赠遗白衣，俗人反于出家人所生希望心。　又若以少物赠遗白衣，因此起七宝塔造立精舍乃至四事满阎浮提一切圣众。

亦不如静坐清净持戒，即是供养真实法身。”

【注释】①凡所求：总的包括很多事项，不管是公、私、善、恶都不允许。②污家：所谓的污家，比丘作非法行，以物品赠送是以俗家，令俗士失平等供僧之心。污他家有四种：一、依家污家：比丘一家得物，又与一家，所得物者（施主），闻之不喜；所与物处，思当报恩，即作是言：“有与我者，我当报之；若不与我，我何故与？”二、依利养污家：即如法所得之利，或与一居士，不与一居士，得者生念、当报其恩：“若不与我，我何故与？”三、依亲友污家：若比丘依王大臣，或为一居士，或不为一居士，彼生念言：“其为我者，我当供养；不为我者，我不供养。”四、依僧伽蓝污家：若比丘取僧华果，与一居士，不与一居士，彼有得者，思当供养：“若不与者，我不供养也。” ③贤善：指比丘。

【今译】《行事钞》说：“比丘于俗人处凡是有所欲求，不管是为了公事或个人，用其他施主的种种物品，以三宝或个人的名义，赠予大臣或俗人等，都是污家的行为。由于信施物品赠与白衣的原故，即破坏了前人的平等布施之心。得到物品的则欢喜爱乐。没有得到物品的，纵然是贤善之辈，也会缺少爱敬之心，失去前人深厚种植福田的诚心。这种做法也是倒乱佛法的行为。凡是在家俗人，恒常希望于三宝处求取清净福报，乃至以割损血肉的诚心来种植善根。今出家人反而持这些施物赠与给予白衣，久而久之使俗人反而生起于出家人处得到物品之心。又，即便以很少的物品赠送俗人，俗人因此能够建造七宝塔或造立精舍，乃至能够以四事来供养满阎浮提一切圣众，这样也不如静坐清净持戒（不行污家行为）——这才是供养真实的法身。”

【评析】这种污家的行为，看起来好像是小事一桩，不就给俗人送点小礼品吗，有什么大不了的事情呀？但，如果细究起来，是不容忽视的，其影响面也不可小觑。除了持守戒律的寺院做得比较好外，其他大部分寺院都很难做到。特别在这“旅游经济市场化”时代，给来到寺庙的朋友送点“礼品”，已经变得正常而普遍了。

为了保持社会人士对三宝的平等供养以及提升他们柔和的心理，我们要了解以下几个问题：1. 布施的目的：社会人士布施物品给寺院的目的，是专门为出家法师的修学提供物资保证的，不是用来招待社会朋友的。法师之所以不能这么做，不是因为小气，而是要“专物专用”，把其他善心人士的物品利用妥当而已。2. 法师的责任：法师要为来到寺院的社会人士，讲解佛教的基本原理或解除他们内心的烦恼（当然也有个别法师为了能从某人那得到利益，不惜窃取三宝物品来贿赂他们）。3.肃清来寺院目的：社会人士来到寺院，当然要为法而来，为心而来。不要希望从寺院得到什么礼品或物品。当然，也有一些社会人士来寺院就是为索取物品而来的，寺院不给或不贿赂他们的话，或许还会惹来许多麻烦。4.寺院可以用来赠送的物品：比如寺院专门制作一些纪念品，认识佛教原理的书刊，或用来救急于生命危难之中的药品或物品，这种做法目的是为了启信于他们，于生活中护佑他们，展现佛教的慈悲心肠，最终目的为令他们"入于佛智"。5.《事钞》说：戒律规定若与父、母、病人、小儿、妊娠妇女、牢狱系闭、及寺中客作者、不犯。（物资给与父母，依准《毗尼母论》的要求，必须是贫苦而受过皈戒者才可施与。）

第二节　谪罚可否

第一项　劝俗敬护

▲事钞云："十轮经云，若诸比丘护持戒者，天人供养，不应谪罚[①]。除其多闻及持戒者。若有破戒而出家者，能示天龙八部珍宝伏藏。应作十种胜想[②]，佛想乃至礼足。后生豪贵，得入涅槃。是以依我出家，持戒破戒，不听轮王宰相谪罚。况余轻犯。破戒比丘虽是死人，是戒余力，犹如牛黄、麝香、眼药、烧香等[③]喻。破戒比丘为不信所烧自堕恶道，能令众生增长善根。以是因缘，一切白衣皆应守护，不听谪罚。"

【注释】①谪（zhé）罚：以谴责或责备的方式来惩罚。　②十种胜想：《大方广十轮经》卷第四——"相轮品第五"里面说：

佛言，善男子，若诸比丘佛法出家，剃除须发披着袈裟。一切天人阿修罗皆应供养。若护持戒，不应谪罚、闭系、兀其手足乃至夺命，悉无是法。何以故？除其多闻及持戒者。若有破戒比丘，于我法中而出家者，成就诸恶如败脓坏：非婆罗门自言婆罗门，非梵行而言梵行；退失堕落圣道果证，为诸烦恼结使所胜、结使所坏。又复破戒诸恶比丘，能示天龙、夜叉、干闼婆、阿修罗、迦楼罗、紧那罗、摩睺罗人、非人等，无量功德珍宝伏藏。若有依我而出家者，众生应作十种胜想，得无量无边福德。何等为十？

1.有诸众生，见依我出家者，应作念佛想。以是净心欢喜因缘，不信一切诸余外道及外道经书。若当见时，即应思惟决定圣戒，以是因缘，能断杀生、偷盗、邪淫、妄语乃至不饮酒等，入涅槃城。2.见有依我而出家者，当起施心。以是因缘，于将来世财富无量，善去善向，殊胜供养常得充给，乃至入于无畏大涅槃城。3.又见依我佛法出家，柔和质直，常行忍辱，不生卒暴，心无狂乱，喜乐正法，常好闲静阿练若处，乃至欲入涅槃无畏之城。4.若有众生，破戒非法作恶威仪。见如是人，当共软语乃至礼足。以是因缘，此人后世生尊贵家有大势力，常为一切之所瞻视，乃至当得入涅槃城。5.天藏大梵，若依我法出家，造作恶行。如是比丘盲无所睹，此非沙门自称沙门，非梵行自称梵行。退没堕落，为诸烦恼之所败坏。如此比丘修行恶法，犹能开示一切天龙、夜叉、干闼婆、阿修罗、迦楼罗、紧那罗、摩睺罗伽、人、非人等，一切善法功德伏藏。6.为善知识，虽不少欲知足，剃除须发披着袈裟服。以是缘故，能为众生增长善根，于诸天人开示善道。7.是以依我出家比丘，若持戒若破戒，我悉不听转轮圣王大臣宰相，不得谪罚系闭加诸鞭杖，截其手足乃至断命，况复余轻犯小威仪。破戒比丘，虽是死人是戒余力犹如牛黄，是牛虽死人故取之；亦如麝香死后有用；能大利益一切众生。8.恶行比丘虽犯禁戒，其戒势力犹能利益无量天人。譬如估客入于大海，断于无量众生之命，挑其眼目，持阿摩那果擣蓰和合成其宝药。若有众生盲冥无目，乃至胎胞而生盲者，以此宝药而用涂之，众病得除，其眼明净。如是如是。9.若诸比丘，虽破禁戒造作恶行，于佛法中名为死人，复能令他一切众生，使得清净智慧法眼。能令见者尚得如是，况复为开示说种种法。大梵，譬如烧香，香体虽坏熏他令香。破戒比丘亦复如是，自堕恶道能令众生增长善根。10.恶行比丘，为不信所烧，身坏命终，堕三恶道。能使他人得大利益示涅槃道。以是因缘，一切白衣不应侵毁、轻蔑破戒比丘，皆当守护尊重供养。不听谪罚、系闭其身乃至夺命。四方众僧，若至布萨自恣之时，听使驱出不共法事，三世僧物饮食敷具皆不听用，一切羯磨说戒律处，悉皆驱出不得在众。而悉不听王及大臣，加其鞭杖系闭谪罚乃至夺命。尔时世尊，而说偈言：

瞻卜华虽萎，胜于诸余华，

破戒诸比丘，犹胜诸外道。

③牛黄、麝香、眼药、烧香等：这里是说比丘虽然破戒，但乘持戒的余力还能给人带来利益。犹如牛、麝、眼珠、烧香虽然死了或破了，但牛黄、麝香、眼药、烧香依然有药用价值。

【今译】《行事钞》引《十轮经》说："如果比丘能够护持、持守戒律，应得人天供养，不应谪罚。除了多闻及持戒比丘外，出家而又破戒的比丘也不应谪罚，因其犹能向天龙八部、夜叉、人、非人等开示佛法珍宝伏藏。众生见依佛出家者应该十种殊胜观想，做念佛想乃至礼足。乘此功德以后能生豪门贵族家庭，以至得入涅槃。所以依佛出家，不管比丘持戒、破戒，都不允许轮王、宰相谪罚，何况其余轻犯的。破戒比丘虽然犹如死人，但依持戒的余力，还能犹如牛黄、麝香、眼药、烧香等那样的有价值。破戒比丘为不信所烧而自己却堕落恶道，但只要见到的还能增长众生的善根。因为这样的因缘，一切白衣俗人都应该守护，不允许谪罚。

第二项　劝俗治恶

▲事钞云："涅槃云，今以无上正法，付嘱诸王、大臣、宰相及于四众[1]：应当劝励诸学人等，令学正法。若懈怠破戒毁正法者，大臣四部应当苦治。"

【注释】①四众：出家僧尼，在家士女。

【今译】《行事钞》引《涅槃经》说："现在以无上正法付嘱诸国王、大臣、宰相及出家僧尼与在家士女：应该劝导、激励诸出家学人，使令能够学习正法。如果懈怠破戒、毁坏正法的，大臣及四部人等应当严厉惩治。"

△事钞续云："大集云[1]，若未来世，有信诸王若四姓[2]等，为护法故，能舍身命。宁护一如法比丘，不护无量诸恶比丘。是王舍身生净土中。若随恶比丘语者，是王过无量劫，不复人身。""若末世中，有我弟子多财多力，王等不治。则为断三宝种，夺众生眼。虽无量世修戒施惠，则为灭失。广如第二十八卷护法品说。"

【注释】①大集云：即是《大方广大集经——护法品》卷第三十一。　②四姓：当时印度种姓统分有四类，一刹帝利帝王种。二婆罗门净行修行者。三毗舍商贾者。四首陀农人。泛指社会各阶层。

【今译】《行事钞》引《大集经》继续说："若未来世，有信仰诸国王或社会各阶层人士，为了卫护佛教故，能舍身命。宁愿卫护一个如法比丘，也不卫护无量诸恶比丘。由护法故，是国王等舍身即能生于净土佛国中。如果随顺恶比丘之言语，是国王于无量劫不能恢复人身。若未来世中，有我弟子多财多力而造恶者，国王放纵而不处治。这样就断失三宝种子，夺去众生眼目。虽无量世修戒布施，还是会灭失自己功德。详细的如《大方广大集经——护法品》里面所说。"

第三项　会通

▲事钞云："问、前十轮经不许俗治，涅槃、大集令治恶者。"

【今译】《行事钞》说："问：前面《十轮经》说，比丘有过失是不允许俗人处治的，而《涅槃经》、《大集经》却说可以由俗人来处罚恶比丘，这到底要怎么会通理解呢？”

△事钞续云：“答。十轮不许治者，比丘内恶，外有善相，识闻广博，生信处多，故不令治。必愚闇自缠，是非不晓，开于道俗三恶门者，理合治之，如后二经。又涅槃是穷累教本①，决了正义。纵前不许，依后为定。两存亦得。废前又是。”

【注释】①穷累教本：穷是训极，教导之言到了极致；累谓嘱累、吩咐。教本，佛陀一生所说教法，最终都要会归到《涅槃经》的教义来，以《涅槃经》所说的为根本。

【今译】《行事钞》继续说：“答，《十轮经》所说不许俗惩治，是因为比丘虽然内心恶浊，但表面有善相，见识广博，能够给人生信的地方是很多的，所以不允许俗人惩罚。当然，有些确实愚暗自缚，是非不晓，而且还开启道俗贪嗔痴三恶之门的部分比丘，理应惩治他们，如后面《涅槃经》与《大集经》所说的。并且《涅槃经》是穷尽烦恼负累的根本之教，是决定了义的正确教义。纵然前面《十轮经》所说不许俗人惩治，但依后面《涅槃经》、《大集经》所说教义为决定。或者两种教义说法都保存相互参考也可。又或者废除前者所说，取后者教义。

第三节　食　肉

第一项　引大废小

▲事钞云：“诸律并明鱼肉为时食，此是废前教。涅槃云①，从今日后，不听弟子食肉。观察如子肉想②。夫食肉者，断大慈种，水陆空行③者命者怨，故不令食。广如彼说。经云，前令食肉，谓非四生④之肉，但现化耳，为度众生。”

【注释】①涅槃云：即是《大般涅槃经卷第四——如来性品第四之一》里面说道：

尔时迦叶菩萨白佛言：世尊，食肉之人不应施肉。何以故？我见不食肉者有大功德。佛赞迦叶，善哉善哉，汝今乃能善知我意，护法菩萨应当如是。善男子，从今日始，不听声闻弟子食肉，若受檀越信施之时，应观是食如子肉想。迦叶菩萨复白佛言，世尊，云何如来不听食肉？善男子，夫食肉者断大慈种。迦叶又言，如来何故先听比丘食三种净肉？迦叶，是三种净肉随事渐制。迦叶菩萨复白佛言，世尊，何因缘故，十种不净乃至九种清净而复不听？佛告迦叶，亦是因事渐次而制，当知即是现断肉义。迦叶菩萨复白佛言，云何如来，称赞鱼肉为美食耶？善男子，我亦不说鱼肉之属为美食也，我说甘蔗粳米石蜜一切谷麦及黑石蜜奶酪苏油以为美食。虽说应畜种种衣服，所应畜者要是坏色，何况贪着是鱼肉味。迦叶复言，如来若制不食肉者，彼五种味奶酪酪浆生酥熟酥胡麻油等，及诸衣服憍奢耶衣珂贝皮革金银盂器，如是等物亦不应受？善男子，不应同彼尼乾所见，如来所制一切禁戒各有异意，异意故听食三种净肉，异想故断十种肉，异想故一切悉断，及自死者？迦叶，我从今日制诸弟子，不得复食一切肉也。迦叶，其食肉者，若行若住若坐若卧，一切众生闻其肉气悉生恐怖，譬如有人近狮子已，众人见之闻狮子臭亦生恐怖。

善男子，如人噉蒜臭秽可恶，余人见之闻臭舍去，设远见者犹不欲视，况当近之。诸食肉者亦复如是，一切众生闻其肉气，悉皆恐怖生畏死想，水陆空行有命之类悉舍之走，咸言此人是我等怨。是故菩萨不习食肉，为度众生示现食肉，虽现食之其实不食。善男子，如是菩萨清净之食，犹尚不食，况当食肉。善男子，我涅槃后无量百岁，四道圣人悉复涅槃，正法灭后，于像法中当有比丘，似像持律少读诵经，贪嗜饮食长养其身，身所被服麤陋丑恶，形容憔悴无有威德，放畜牛羊担负薪草，头须发爪悉皆长利，虽服袈裟犹如猎师，细视徐行如猫伺鼠，常唱是言，我得罗汉。多诸病苦眠卧粪秽，外现贤善内怀贪嫉，如受哑法婆罗门等，实非沙门现沙门像，邪见炽盛诽谤正法。如是等人，破坏如来所制戒律正行威仪，说解脱果离不净法，及坏甚深秘密之教，各自随意反说经律。而作是言，如来皆听我等食肉，自生此论，言是佛说互共诤讼，各自称是沙门释子。善男子，尔时复有诸沙门等，贮聚生谷受取鱼肉，手自作食，执持油瓶宝盖革屣，亲近国王大臣长者，占相星宿勤修医道畜养奴婢，金银琉璃车磲马瑙颇梨真珠珊瑚虎珀璧玉珂贝，种种果蓏学诸伎艺，画师泥作造书教学，种植根栽蛊道咒幻，和合诸药作倡伎乐，香花治身樗蒱围碁学诸工巧。若有比丘能离如是诸恶事者，当说是人真我弟子。尔时迦叶复白佛言，世尊，诸比丘比丘尼优婆塞优婆夷因他而活，若乞食时得杂肉食，云何得食应清净法？佛言，迦叶，当以水洗令与肉别，然后乃食。若其食器为肉所污，但使无味听用无罪。若见食中多有肉者则不应受。一切现肉悉不应食，食者得罪。我今唱是断肉之制，若广说者即不可尽。

②如子肉想：经云，如夫妻二人，共携一子，同行旷野。险难粮尽，杀子

而食。垂泪而飧，不得滋味。今若观一切众生肉如子之肉，作是想时，必不贪食。 ③水陆空行：举处摄物，沉潜飞走，无所不收。 ④四生：胎卵湿化。

【今译】《行事钞》说："诸部律藏都说到鱼肉为时食（于午前食为时食，即是正食，早餐为小食），而此处所说是废除前教。《涅槃经》说，从今日后，不听许弟子食肉。应当观察如孩子肉想。再者食肉之人，断大慈悲种子，凡是水陆空行有命众生都会生起怨恨之心，所以禁止食用。如《涅槃经》中详细的说明。《涅槃经》又说，之前允许食肉，不是胎卵湿化四生之肉，那是佛陀的神力化现的，目的为度济众生而已。"

△事钞续云："楞伽[①]云，有无量因缘，不应食肉。略说十种：一者一切众生，无始已来，常为六亲，以亲想故，不应食肉。二狐狗人马，屠者杂卖[②]故。三不净气分所生长[③]故。四众生闻气悉生怖故。五令修行者慈心不生故。六凡愚所习，臭秽不净，无善名称故。七令咒术不成就故。八以食肉，见形起识[④]，以染味着故。九诸天所弃，多恶梦，虎狼闻香故。十由食种种肉，遂啖人肉故，如斑足王经[⑤]说。"

【注释】①楞伽：《入楞伽经——遮食肉品》第十六。 ②杂卖：屠杀者混杂狐狗人马各种动物肉，来出售。 ③不净气生长：禽畜交合精血所成，腥臊秽物，自内于口，深可恶也。 ④见形起识：食肉之人，凡是看到畜生，马上就生起食噉的念头。 ⑤斑足王经：斑足王者，其父游猎至山，染师而生，人形斑足。后绍王位，一日掌膳者阙肉，求得小儿肉以充之。王觉味殊，因敕常供。杀害既多，众欲杀王，王变飞行罗刹，十二年中常食人肉。"

【今译】《行事钞》引《楞伽经》继续说："有无量因缘不应食肉，摄略有十种：一者一切众生无始以来，常为六亲眷属，以亲想的原故不应食肉。二者狐狗人马之肉，屠户混杂而卖。三者食肉之后，身生增长了动物血肉气息。四者众生闻到身上气味，都生起恐怖之心。五者使修行者慈悲心不能生起。六者凡愚之人所沿习，臭秽不净，没有好名称。七者持诵咒术不能成就有灵验。八者有食肉习惯，一看到动物就生起食噉的心念，以染着味道的原故。九者诸天弃舍，不愿相近，夜间多做恶梦。十者由食种种肉，就有可能食啖人肉，如斑足王经里面所说的。"

【评析】《楞伽经》中所引的十种过患，最需要进行观察。一、恐食啖父母，成恶逆故。梵网经云，一切男女皆是我父母，我生生无不从之受生，而杀而食者即杀我父母是也。二、恐食其同类，缺乏仁慈心。三、禽畜交合精血所成，腥臊秽物，自内于口，深可恶也。四、由多噉肉，变其血气，众生闻之，知是杀者。五、涅槃所说食肉断大慈种。六、食肉是愚痴不净者所为，若有食啖，就会有不好的名声。七、持诵咒术必须清洁，尚诫荤辛，何况肉食。八、凡看到畜生形体即想象它们的味道。九、天报清净，所以舍弃。不习善法，故多恶梦。身同畜气，故为虎狼所食。十、由此相因，遂啖同类。

△事钞续云："今有凡愚，多嗜诸肉。罪中之大，勿过于此。故屠者贩卖，但为食肉之人，必无食者，亦不屠杀。故知食者，同屠造业，沾杀生分。可不诫乎。"

【今译】《行事钞》说："今有凡夫愚痴之人，多喜好各种肉类。是诸多罪过当中的大罪，其他罪过不会超过食肉的罪过。所以屠夫贩卖，也是因为食肉之人而屠杀，如果没有食肉之人，亦不会屠杀。所以知道食肉之人，也同屠杀者造了杀业，也沾上杀生之分。难道不要诫禁吗？"

第二节　引小急制

▲事钞云："僧祇云：若为比丘杀者，一切七众不应食。乃至[1]为优婆夷杀，七众不食亦尔。"

【注释】①乃至：是省略的表达，七众是比丘、比丘尼、式叉摩那、沙弥、沙弥尼、优婆塞、优婆夷。而这里只有提到比丘与优婆夷，所以用乃至二字来代表省略其中的五众。

【今译】《行事钞》引《僧祇律》说："如果为了比丘而杀生的，一切出家七众不得食用。乃至为优婆夷而杀生的，七众也不能食用。"

△事钞续云："今学戒者多不食之，与中国大乘僧[1]同例。有学大乘语者，用酒肉为行解[2]。则大小二教不收[3]，自入屠儿行内。天魔外道[4]尚不食酒肉，此乃阎罗之将吏[5]耳。"

【注释】①中国大乘僧：中国学大乘僧众，皆依《梵网经》、《楞伽经》、《涅槃经》等制。既修大行，慈济为先，安有大乘方行杀戮。　②用酒肉为行解：行谓为之无耻，就是食用酒肉不觉得无耻；解谓执之不疑，执着食用酒肉的见解以为正确。　③二教不收：以大小俱制，反不依行，教所不被故。教既不被，非佛弟子，无慈好杀宜入屠行。　④天魔外道：天魔身心正报殊胜，是多生修习净因所报得的，外道苦行飧风自饿，也不食用肉类。所以啖肉还比不上天魔外道，反而与阎罗将吏而同伦了。　⑤阎罗之将吏：将吏谓夜叉、鬼卒之类。

【今译】《行事钞》继续说："今时学戒者，多数都不食肉，与中国大乘僧众是同例的。另有学大乘者说，以食用酒肉做为知见与行为的标准。这样则大小二乘都不收录，自然就进入屠夫行列。天魔外道尚且都不食用酒肉，这样之人与阎罗将吏没有区别。"

△事钞续云："四分云，若此杀者行十恶业，为我故杀乃至大祀处肉，不得食之。以办具来者，心无定主故。今屠者通杀，则依教无肉可食，正断食肉也。律云，若持十善[①]，彼终不为我故断众生命，如此应食。准此，何由得肉而啖。"

【注释】①十善：身，不杀不盗不淫；口，不妄语、不恶口、不两舌、不绮语；意，不贪、不嗔、不痴。

【今译】《行事钞》引《四分律》继续说："如果杀者行十恶业，为我故杀乃至大祭祀会中的肉，都不得食之。为什么呢？由于举办之时就是为来者而做，心中没有固定为哪个或哪些人。今时屠夫通为食肉之人而杀，依照律教都不能食用的，这才是断除食肉正义所在。律云，若持十善之人，他始终不为我而故意断众生命，这样的肉可以食用(给肉者必须是行十善之人，但哪有行十善之人，而给人肉食的呢?)。以此为准，有什么理由可以食肉呢?"

第三节　通禁诸物

▲事钞云："楞伽云，酒肉葱蒜韭薤[①]之属，悉不尝之。"

【注释】①葱蒜韭薤(xiè)：资持说，这些都是荤菜之类。《梵网经》云，一切食中不得食。《楞严经》云，熟食发淫，生啖增恚。如是世界食辛之人，纵能宣说十二部经，十方天仙嫌其臭秽咸皆远离，诸饿鬼等因彼食次舐其唇吻。常与鬼住，福德日消，长无利益等。"又南山律中，严禁穿着蚕衣。牛乳、蜂蜜唯有重病时才开饮用，不许平时随便饮用。

【今译】《楞伽经》说："酒肉葱蒜韭薤之类，都不能尝之。"

第四节　畜养猫狗

▲事钞云："或畜猫狗，专拟杀鼠，是恶律仪[①]。杂心云，恶律仪者，流

注相续[2]成也。善生、成论:若受恶律仪,则失善戒。"

【注释】①恶律仪:定时定事而守之行叫律仪。律仪有善恶之分,如戒法者是善律义。如畋猎杀生等者为恶律仪。 ②流注相续:流注是恶业周遍,相续是念念增长。为什么呢?由于它们伤害之心不止是一种对象,又没有时间的限制。

【今译】《行事钞》说:"或者畜养猫狗,以准备用来专门捕杀老鼠,这样做是恶律仪,《杂心论》说,行恶律仪的话,则恶业周遍且增长不断。《善生经》及,《成实论》也说:如果受恶律仪,就失去善戒(这是就伤害一类来说善戒不续,并不是说所有的善戒都增长不了)。"

▲轻重仪[1]云:"养畜猫狗,专行杀害。经论断在恶律仪,同畜便失善戒。出卖则是生类,业障更深。施他还续害心,终成缠结。宜放之深薮,任彼行藏。必系之显柱,更增劳役。但依前判,彼我夷然。便息生杀怨家,新树慈悲圣宅。"

【注释】①轻重仪,即是唐道宣律师所辑录的《量处轻重仪》。

【今译】《轻重仪》里面说:"养畜猫狗,专做杀害之事。经论判断属于恶律仪,若畜养便失去善戒。出卖则又是属于杀生之类,业障更深。施送给他人还是继续伤害之心,最终还是结下缠结不清的罪业。所以,适宜把它放到深山树林当中,任由它自己行走或隐藏。或将它系缚在柱子上,更是增加诸多劳累之事。但依照前面所指示的,你我都非常明白清楚。这样就能息灭杀生之怨家,树立慈悲的圣宅。"

附录一　弘传南山律的著名律师

唐・道宣律祖

道宣律祖(公元596—667),俗家姓钱,他是唐代专门学律的僧人。又称南山律师、南山大师。是南山律宗之开宗祖师。隋文帝开皇十六年四月八日,律祖生于长安都城。曾祖陈朝驸马都尉(相当现在的公安部部长),祖陈留太守(相当现在的市长),父名士申吏部尚书(相当于现在的组织部部长),母亲姚氏。

律祖在十六岁时候,就依日严寺慧頵大师出家,后来依大禅定寺智首律师学律,听律二十遍,长达六年之久。后来住于终南山仿掌谷(长安之南),创建白泉寺,研究弘宣四分律,其宗派称“南山律宗”。律祖曾经至各地讲说律学,亦参与玄奘之译场。严守戒品,深好禅那。曾经常住过崇义寺、丰德寺、净业寺。显庆三年(公元658),奉旨任长安西明寺上座。未久,撰释门章服仪、释门归敬仪等。龙朔二年(公元662),高宗敕令僧尼须礼拜君亲,师与玄奘等上书力争,此事乃止。乾封二年二月,于净业寺创立戒坛(专门提供比丘受戒的场所),诸方前来求戒者二十余人,为后世建筑戒坛之模式。于是年十月初三入寂,世寿七十二,法腊五十二。谥号“澄照”。

一生鼓励提拔后学,不遗余力,德行淳厚,僧俗共仰。所著《四分律删繁补阙行事钞》十二卷、《羯磨疏》三卷、《戒本疏》六卷、《拾毗尼义钞》六卷、《比丘尼义钞》六卷,称为律学五大部。其中《行事钞》为研究四分律所不可或缺之书。另撰有《大唐内典录》十卷,系一部整理经典之目录书。又针对道教之说,编集《古今佛道论衡》四卷、《广弘明集》三十卷等,以宣扬佛教。此外尚著有《续高僧传》十卷、《释氏略谱》、《释迦方志》、《三宝感通录》等诸书,皆为后世治学者之指南。

由于律祖持戒精严,教埋通达,实修功深,所以屡屡感得天人护法左右:一、在一次行般舟定当中,有群龙前来礼拜请教,若男若女化为人形。二、于净业寺创立戒坛不久,有长眉僧前来谈论道法,其实是宾头卢尊者。又有三果梵僧来礼坛,赞叹说:“自佛灭后像法住世兴发毗尼者,唯师一人也。”三、乾封二年春,冥感天人来谈论戒律法相时说:“由于当时翻译的过失,行事钞的‘轻重仪’当中有许多错误,请师改正之。”所以现在所流传的著述多是重新修订过的。四、又一次在打扫庭院时，有一天人来礼谒，谓宣曰："律师当生兜率天内院。"并献上"棘林香"。之后律祖于十月初三日安坐而化。五、于西明寺夜行道足跌，前阶有物扶持履空无害，熟顾视之乃少年也。宣祖马上问道："何人中夜在此？"少年曰："某非常人，即毗沙门天王之子那吒也，护法之故来拥护和尚。"

北宋·元照律师

元照(公元1048～1116)，字湛然，俗姓唐，浙江余杭人，是北宋时期弘传律宗和净土教的一位高僧。他幼年时，依钱塘祥符寺慧鉴律师为童行(就是住在寺庙，帮忙打理事务而准备出家的居士，也叫净人)，治平二年(1065)十八岁时，遇度僧考试，因通诵《妙法莲华经》得度。熙宁元年(1068)和同学择瑛从神悟大师处兼习天台教观(公元1011—1075)，同时博究诸宗，而以戒律为主。后览天台《净土十疑论》，始归心净土法门。并依善导大师之说一意专持阿弥陀佛名号，发愿领众同修念佛，更编成《净业礼忏仪》(今佚)，以自修持。又因神悟劝令"阐明法华宗旨，以弘四分戒律"，于是历游温、台二州，从事参学。元丰元年(1078)，他从广慈慧才受菩萨戒于西湖雷峰(就是现在的净慈寺)。此后，博究南山一宗律学，搜集道宣著作，撰《南山律师撰集录》。常布衣持钵，乞食于街头。后住灵芝崇福寺从事著述。

元丰八年十二月(公元1085)，高丽僧统义天(朝鲜文宗仁孝王四子，？—1101)率弟子众来求法，主客(接待外宾官名)学士杨杰陪伴到杭州，曾至西湖灵芝寺(就是现在的钱王祠，离雷锋塔不远)谒请元照律师开示律仪，时元照律师正讲《四分律删补羯磨疏》，即为演说律宗纲要并授菩萨戒，义天并请得元照所著书携归高丽雕板流通。

绍圣五年(公元1098)二月，元照于明州(今浙江宁波)开元寺，建筑戒坛依律传戒。政和六年(公元1116)九月一日圆寂，年六十九，葬于灵芝寺西北隅。南宋高宗绍兴十一年(公元1141)，谥号"大智律师"，一般称为灵芝律师。

元照律师一生的修学主张："教学天台、行依毗尼、修归净土"，就是"生弘律范，死归安养"。

元照的著述，在律学方面有解释南山三大部的《四分律行事钞资持记》四十二卷、《四分律羯磨疏济缘记》二十二卷、《四分律含注戒本疏行宗记》二十一卷。净土方面有《观无量寿佛经义疏》三卷、《阿弥陀经义疏》一卷；杂著

《芝园集》二卷、《芝苑遗编》三卷，并删定《比丘尼戒本》，共计著书百余卷。

民国・弘一大师

弘一大师（公元1880—1942），为民国复兴南山律学的高僧。浙江平湖人，俗姓李，名广侯，号叔同。性格洒脱而安静纯和，于诗文词赋之外，特别爱好书画，擅长篆刻，书法颇得汉魏六朝之秘。二十六岁，东渡日本，入上野美术专门学校，并研究音乐，创组春柳剧社，为我国新剧运动之先驱。回国后，任教于天津工业专门学堂。后赴上海主持太平洋报笔政，藉书画文字以宣传革命。旋应浙江第一师范学校之聘，主持图画、音乐等科系七载，介绍西洋戏剧、音乐、绘画，开风气之先。

民国七年（公元1918），三十九岁，将一切书籍、字画等物赠人，又将平生所雕金石封于西泠印社石壁之中，刊字于壁曰“印藏”。遂出家于杭州虎跑大慈寺，投礼了悟为师。未久即于杭州灵隐寺受具足戒，法名演音，号弘一。尝慨叹僧界之所以往往为世所诟病者，以不守戒律之故，乃发愿毕生精研戒法。初学有部之律，后则专弘南山律宗。操行至苦，恒跣足芒鞋（草鞋），孑然一担，云游各处，讲经弘法，以在闽南时为最久。

民国十六年，去函杭州主政诸君，止息“灭佛”之议。民国二十五年，闭关于鼓浪屿日光岩，并向海外请藏经万余卷。其后，复闭关于永春普济寺、泉州福林寺。晚年自号“晚晴老人”，又号“二一老人”。民国三十一年十月示寂于晋江温陵养老院，世寿六十三，僧腊二十四。

师平生最推崇印光大师，效其不收徒众，不主寺刹之风，惟以写字与人结缘。其清纯恬淡、孤高正直之风范，对民国以来之佛教界影响极大。著有《弥陀义疏撷录》、《四分律比丘戒相表记》、《清凉歌集》、《华严联集》、《戒本羯磨随讲别录》、《四分含注戒本讲义》、《在家备览》、《南山道祖略谱》等书。

附录二　律典介绍

《四分律》

《四分律》四种律藏之一，共六十卷。五部中昙无德部之律藏也。姚秦佛陀耶舍、竺佛念共译。佛灭后百年，昙无德尊者（译名法正或法护）于上座部之律藏中，契同己见者，采集成文，随说所止，而为一分，四次完结，故称为四分律。初分二十卷，二分十五卷，三分十四卷，四分十一卷。全书之内容分为：（一）初分，包括比丘二五〇条戒律条目，共二十卷。（二）二分，包括比丘尼三四八条戒律条目及受戒、说戒、安居、自恣（上）等四犍度，共十五卷。（三）三分，包括自恣（下）、皮革、衣、药、迦絺那衣、拘睒弥、瞻波、呵责、人、覆藏、遮、破僧、灭诤、比丘尼、法等十五犍度，共十四卷。（四）四分，包括房舍犍度、杂犍度及五百集法、七百集法、调部毗尼、毗尼增一，共十一卷。

〇五部：昙无德尊者——四分律，萨婆多尊者——十诵律，弥沙塞尊者——五分律，迦叶遗尊者——解脱戒本经，婆粗富罗尊者——此部律未传至中国。

《南山三大部》

三大部都是道宣律祖所著述，具体内容介绍如下。（当然，在元照律师为道宣律祖三大部做记释之后，所流通就是“钞与记”的合并本了。所以现在看到《南山三大部》的内容有道宣律祖的原著，后面并附上元照律师的记释。）

《四分律删补行事钞》

《四分律删繁补阙行事钞》，三卷，唐释道宣（公元596—667）撰。作者为律学南山宗的创始人，本书钞集比丘依律行事的教典根据，主要以《四分律》藏为基础，以三藏文字、圣贤撰述、古师章疏为补充，分三十篇说明律藏所摄的自修、摄僧的各种事相行法。此与作者所著的《四分律比丘戒本疏》和《四分律羯磨疏》同称为南山三大部，为律宗的权威著作。

本书卷首有作者自序，序文先总明著本书的动机，律祖说：“古来释律的著作，撰疏的只论废立，作钞的只逞问难，都不足以为新学实际行事的指导。"因此"统教意之废兴,考诸说之虚实",以"辟重疑,遣通累,括部执,诠行相"为宗旨,着重会通诸律,解决疑难,便利行事,故题名行事钞。把律文内同类的加以归纳,内容是"始终交映,隐显互出"。尽量求文字的简约,提示纲领,以应需用。

正文分三十篇,本书标题冠以"删繁补阙"四字,如自序中所说:删繁主要是删过去诸注家繁广的情见,补阙是补充诸注家,也补充《四分律》藏未解决的问题。所以本书对《四分律》藏,没有增减圣言的过失。

律祖十六岁从智頵出家,二十岁时从智首受具。二十一岁从智首习律,曾听律至二十遍以上。他在从智首听律的时候就打下了著本书的基础。他原住长安崇义寺,以武德七年(公元 624)入终南山,武德九年六月于终南山丰德寺撰成本书初稿。贞观四年(公元 630,一作贞观八年)重加修定。

《四分律删补随机羯磨疏》

共八卷,唐代道宣撰,略称四分律羯磨疏、四分律业疏、业疏。本疏乃作者广释其自著之四分律删补随机羯磨二卷,辨释持戒之要谛,内容细分为十篇。初于疏前阐明能辨之教(羯磨)、所被之事(缘务)、弘法之人(僧伽)、设教之所(结界)。其次详释集法缘成、诸界结解、诸界受法、衣药受净、诸说戒法、诸众安居、诸众自恣法、诸衣分法、忏六聚法、杂法住持十篇。集法缘成篇为序分,诸界结解至忏六聚法篇为正宗分,杂法住持篇为流通分。

有关本疏制述之由来,贞观九年春(公元 635),道宣于泌部绵上县鸾巢村僧坊删补随机羯磨,贞观二十二年(公元 648)应旧知之请,于终南山丰德寺作本疏。

《四分律含注戒本疏》

共四卷(或八卷),唐代道宣撰,又称四分含注戒本疏、四分戒本疏、戒疏、戒本疏、南山戒本疏。广释道宣自著之四分律比丘含注戒本三卷。就所释之含注戒本是从四分广律中抽出戒本,附上制戒之因缘及字句之略释而成。本书先略说佛陀制戒之本意,及神足(佛的神通变化)、佛的说法、众生忆念教法三轮中之部派、尸罗、波罗提木叉、毗尼等之名义,及诸部律藏之种别、戒本之题名、诸广律之传来情形等;其次随释含注戒本之文,设立广教行法及略教行法二分,并各立序分、正宗分、流通分三段,更以细科分别之。其中,广教行法指二百五十戒之正文,占戒本之大部分;略教行法则指附于其最后的过去七佛之略戒。本书成于唐永徽二年(公元651)。

《灵芝芝苑遗编》

共有三卷。又作芝园遗编。北宋僧元照撰,道询编集。内容包括卷上之戒体章、持犯体章、大小乘论等六篇,卷中之授大乘菩萨戒仪、诫沙弥文等五篇,卷下之为蒋枢密开讲要义、南山律宗祖承图录等五篇。元照尚有芝园集二卷,内容包括杭州南屏山(现在的净慈寺)神悟法师塔铭、唐蕲(qí)州(湖北省蕲春县的一个小镇)青著法师行业记、秀州(浙江省嘉兴市秀州区)吕氏灵骨赞、博奕解、高丽(朝鲜)李相公乐道集序等三十二项。卷末附录补续芝园集一卷。

参考书目

1.《华严经》(于阗),三藏实叉难陀奉　制译,《大正藏》第十册

2.《大智度论》,龙树菩萨著(后秦),鸠摩罗什译,《大正藏》第二五册

3.《胜鬘经》(刘宋),求那跋陀罗译,《大正藏》第十二册

4.《阿毗达磨俱舍论》(唐),玄奘译,《大正藏》第二九册

5.《维摩经》(姚秦),鸠摩罗什译,《大正藏》第十四册

6.《四分律》(姚秦),佛陀耶舍、支法领译,《大正藏》第二二册

7.《四分律删繁补阙行事钞》(唐),道宣撰,《大正藏》第四十册

8.《四分律行事钞资持记》(宋),元照撰,《大正藏》第四十册

9.《四分律比丘含注戒本》(唐),道宣述,《大正藏》第四十册

10.《四分律含注戒本疏行宗记》(宋),元照述,《卍续藏》第四十册

11.《四分律删补随机羯磨》(唐),道宣集,《大正藏》第四十册

12.《四分律随机羯磨疏济缘记》(宋),元照记,《卍续藏》第四一册

13.《善生经——优婆塞戒经》,北凉中印度三藏昙无谶译《大正藏》第二四册

14.《成唯识论》(唐),玄奘译,《大正藏》第三一册

15.《大方便佛报恩经》,失译后汉录《大正藏》第三册

16.《芝元遗编》(北宋),元照撰、道询集,《卍续藏》第五九册

17.《多论——萨婆多毘尼毘婆沙》,失译今附秦录,《大正藏》第二三册

18.《杂心——杂阿毗昙心论》,尊者法救造,宋天竺三藏僧伽跋摩等译,《大正藏》第二八册

19.林子青:《弘一大师年谱》,上海佛学书局,1995

20.劳政武:《佛教戒律学》,台北:宗教文化出版社,1999

21.二埋:《在家律学》,台北:财团法人佛陀教育基金会,2000

22.天因:《南山律在家备览述要》,台北:正觉精舍,1996

23.王建光:《中国律宗思想研究》,四川出版集团巴蜀书社,2004

24.网络汉典,http://www.zdic.net/

25.佛学电子辞典,http://www.fodian.net/fodict/

后 记

学习戒律，并要理解它的思想内涵，确是学修佛法过程中一项大工程之事情，非常不容易；何况要出版这方面内容的书籍。2012 年春，浙大张家成教授到金竺寺看到了我的书稿笔记，在他的鼓励与帮助下，出版了此《〈南山律在家备览略编〉译注》一书。

在这过程中，太姥山平兴寺界诠法师，于繁忙的安居领众修学期间为本书写了序言，以作策励。今年端午佳节，适逢旅居于澳大利亚（原闽南佛学院讲师）戒贤如愚法师，来山“借闲”之际，请书“戒定真香”墨宝，以资鼓励。在此深表感谢！

其次，承蒙浙江大学张家成老师给予全书的格式指导，并提出具体的调整及修改方案，对个别引文地方还亲自进行了查对核实；并在百忙之中抽出时间为本书作序。之后，本书经过浙江大学李佳颖、胡敏琦二位博士的词句修正与文辞的修饰，阅读起来比之前简洁顺畅了许多。浙江大学出版社为本书的出版做了很多工作。在此，一并深表感谢！

2008 年春，离开杭州灵隐寺回到福鼎金竺寺。在这期间，金竺寺众多护法居士为了护持寺庙的方方面面，付出了很多的人力、物力、财力，同时也为学人的学习创造了时间与条件，在此表示感谢！

《〈南山律在家备览略编〉译注》篇幅不长，但内容精要。虽然本书经过多年断续学习、译注及讲解、修改，但由于学人的学识浅薄、修持平常，本书难免存在诸多问题与舛误之处，还望教内高僧大德指正为感！

以此数语记之！

二零壹肆年五月　端午节
记于福鼎金竺寺　　界崇

图书在版编目（CIP）数据

《南山律在家备览略编》译注／ 释界崇译注；弘一大师编.
—杭州：浙江大学出版社，2014.11（2024.7 重印）

ISBN 978-7-308-13898-7

Ⅰ.①南… Ⅱ.①释… ②弘… Ⅲ.①佛教—律藏—研究
Ⅳ.①B943

中国版本图书馆 CIP 数据核字（2014）第 222896 号

《南山律在家备览略编》译注

释界崇 译注

弘一大师 编

责任编辑 李海燕

封面设计 续设计

出版发行 浙江大学出版社

（杭州市天目山路 148 号 邮政编码 310007）

（网址：http://www.zjupress.com）

排　　版 杭州青翊图文设计有限公司

印　　刷 浙江新华数码印务有限公司

开　　本 710mm×1000mm 1/16

印　　张 9.75

字　　数 160 千

版 印 次 2014 年 11 月第 1 版 2024 年 7 月第 7 次印刷

书　　号 ISBN 978-7-308-13898-7

定　　价 30.00 元
